中國人身保險實務

陳岩、邵杰 主編

崧燁文化

前 言

　　進入 21 世紀以來，中國人身保險市場體系不斷完善，市場規模不斷擴大，市場化程度不斷加深。為適應新的發展形勢，幫助成人教育同學更好地進行相關基礎理論知識的學習，我們編寫了這樣一本人身保險理論與實務的教材。同學們在學習理論知識的過程中，可以更多地結合相關的實務經驗，積極討論當下的熱點話題，如費率自由化、保險資金投資運用、風險導向會計體系建設等。我們希望這本教材能夠很好地幫助教學，為中國未來保險業的發展盡一份力。

　　隨著中國經濟的不斷發展，保險在經濟生活中的地位顯得愈益重要。《國務院關於保險業改革發展的若干意見》的頒布，為中國保險業的未來發展指明了方向，中國保險業的發展正在步入又好又快的新階段。做大、做強保險業對人才的教育和培養提出了新的要求，為此，教育部和保監會聯合下發《關於加強學校保險教育有關工作的指導意見》，明確提出將保險教育納入國民教育體系，在各級學校加強保險專業教育。

　　隨著中國經濟改革的不斷深入，保險相關教育也更加精細化和專業化。在編寫過程中，本教材在內容上注意吸收國內外人身保險的最新研究成果與應用技術，充分考慮了中國人身保險行業近年的新發展，包括保險資金運用、保險業向外資開放的新時期壽險公司經營策略的轉變等，並將最新的法律法規融入各章內容。同時，本教材強化了每章習題的質量和數量，使之能夠為保險專業學生學習保險知識提供更多的幫助。當然，由於時間倉促，加上中國保險業的發展日新月異，本教材在編寫過程中難免掛一漏萬，希望同行專家和讀者對本教材提出寶貴意見和建議，以使我們今後能夠不斷對之加以完善。

編者

目 錄

第一部分　人身保險理論

1　人身保險概述 ·· (3)
 1.1　人身風險與人身保險 ·· (3)
  1.1.1　人身風險的含義 ··· (3)
  1.1.2　人身風險的要素 ··· (3)
  1.1.3　人身風險的分類 ··· (4)
  1.1.4　人身保險 ··· (4)
 1.2　人身保險的分類 ·· (6)
  1.2.1　中國的分類 ··· (6)
  1.2.2　世界發達國家的分類 ··· (7)
  1.2.3　按保險事故分類 ··· (8)
  1.2.4　按投保方式分類 ··· (8)
 1.3　人身保險的功能與效用 ·· (9)
  1.3.1　人身保險的一般功能 ··· (9)
  1.3.2　人身保險的特殊效用 ······································· (10)
 1.4　人身保險的基本原則 ·· (11)
  1.4.1　保險利益原則 ··· (11)
  1.4.2　最大誠信原則 ··· (12)
  1.4.3　近因原則 ··· (13)

2　人身保險的數理基礎 ·· (15)
 2.1　利息理論 ·· (15)
  2.1.1　現值函數與終值函數 ······································· (15)
  2.1.2　利息的度量方式 ··· (16)

  2.1.3 確定年金 ………………………………………………… (19)

 2.2 生命表和生命函數 ………………………………………………… (20)

  2.2.1 生命表 …………………………………………………… (20)

  2.2.2 生命函數 ………………………………………………… (22)

 2.3 生存年金 …………………………………………………………… (23)

  2.3.1 生存年金概述 …………………………………………… (23)

  2.3.2 年付一次的生存年金 …………………………………… (24)

  2.3.3 年付 m 次的生存年金 ………………………………… (25)

 2.4 人壽保險保費的確定 ……………………………………………… (26)

  2.4.1 人壽保險純保費的確定 ………………………………… (26)

  2.4.2 人壽保險附加保費與毛保費的確定 …………………… (28)

3 人身保險合同 …………………………………………………………… (31)

 3.1 人身保險合同概述 ………………………………………………… (31)

  3.1.1 人身保險合同的概念 …………………………………… (31)

  3.1.2 人身保險合同的特徵 …………………………………… (31)

  3.1.3 人身保險合同的形式 …………………………………… (32)

 3.2 人身保險合同的要素 ……………………………………………… (33)

  3.2.1 人身保險合同的主體 …………………………………… (33)

  3.2.2 人身保險合同的客體 …………………………………… (36)

  3.2.3 人身保險合同的內容 …………………………………… (37)

 3.3 人身保險合同的常見條款 ………………………………………… (39)

  3.3.1 有關保險人責任的常見條款 …………………………… (39)

  3.3.2 有關保單持有人權益的常見條款 ……………………… (40)

  3.3.3 有關保單選擇權的常見條款 …………………………… (41)

 3.4 人身保險合同的訂立與履行 ……………………………………… (42)

  3.4.1 人身保險合同的訂立 …………………………………… (42)

  3.4.2 人身保險合同的履行 …………………………………… (42)

4 人壽保險 (46)

4.1 人壽保險概述 (46)
4.1.1 人壽保險的概念 (46)
4.1.2 人壽保險的特徵 (46)

4.2 傳統人壽保險 (47)
4.2.1 死亡保險 (47)
4.2.2 生存保險 (49)
4.2.3 兩全保險 (49)
4.2.4 壽險附加險 (50)

4.3 特種人壽保險 (51)
4.3.1 年金保險 (51)
4.3.2 簡易人壽保險 (52)
4.3.3 團體人壽保險 (52)

4.4 創新型人壽保險 (53)
4.4.1 分紅保險 (53)
4.4.2 變額人壽保險 (54)
4.4.3 萬能人壽保險 (54)
4.4.4 變額萬能人壽保險 (55)

5 人身意外傷害保險 (57)

5.1 人身意外傷害保險概述 (57)
5.1.1 意外傷害的含義 (57)
5.1.2 人身意外傷害保險的定義 (58)
5.1.3 人身意外傷害保險的特徵 (58)
5.1.4 人身意外傷害保險的分類 (60)

5.2 人身意外傷害保險的保險責任 (61)
5.2.1 保險責任的內容及特徵 (61)
5.2.2 保險責任的判定 (62)

5.3　人身意外傷害保險的保險金給付 …………………………………………（64）
　　　　5.3.1　死亡保險金的給付 ………………………………………………（64）
　　　　5.3.2　殘疾保險金的給付 ………………………………………………（64）
　　　　5.3.3　醫療保險金的給付 ………………………………………………（65）

6　健康保險 ……………………………………………………………………………（67）
　　6.1　健康保險概述 ……………………………………………………………（67）
　　　　6.1.1　健康保險的概念 …………………………………………………（67）
　　　　6.1.2　健康保險的特徵 …………………………………………………（68）
　　　　6.1.3　健康保險合同的特殊條款 ………………………………………（70）
　　6.2　醫療保險 …………………………………………………………………（72）
　　　　6.2.1　醫療保險的概念及特徵 …………………………………………（72）
　　　　6.2.2　醫療保險的分類 …………………………………………………（73）
　　　　6.2.3　醫療保險的內容 …………………………………………………（73）
　　6.3　疾病保險 …………………………………………………………………（74）
　　　　6.3.1　疾病保險的概念 …………………………………………………（74）
　　　　6.3.2　疾病保險的承保內容 ……………………………………………（74）
　　6.4　收入保障保險 ……………………………………………………………（75）
　　　　6.4.1　收入保障保險的概念及特殊條款 ………………………………（75）
　　　　6.4.2　保險金的給付金額及給付方式 …………………………………（76）

第二部分　人身保險實務

7　人身保險行銷 ………………………………………………………………………（81）
　　7.1　人身保險行銷渠道模式 …………………………………………………（81）
　　　　7.1.1　人身保險行銷的傳統渠道 ………………………………………（81）
　　　　7.1.2　人身保險行銷管道的創新 ………………………………………（82）
　　7.2　人身保險行銷的策略 ……………………………………………………（83）

    7.2.1　促銷策略 ……………………………………………………………（83）

    7.2.2　價格策略 ……………………………………………………………（85）

  7.3　人身保險的客戶服務 …………………………………………………………（86）

    7.3.1　售前服務與售中服務 ………………………………………………（86）

    7.3.2　售後服務 ……………………………………………………………（87）

  7.4　人身保險行銷的產品開發 ……………………………………………………（87）

    7.4.1　產品開發概述 ………………………………………………………（87）

    7.4.2　產品開發的策略 ……………………………………………………（89）

8　人身保險核保與理賠 …………………………………………………………（91）

  8.1　人身保險核保 …………………………………………………………………（91）

    8.1.1　人身保險核保概述 …………………………………………………（91）

    8.1.2　人身保險核保的程序 ………………………………………………（92）

    8.1.3　人身保險核保的內容 ………………………………………………（93）

  8.2　人身保險理賠 …………………………………………………………………（96）

    8.2.1　人身保險理賠的概念 ………………………………………………（96）

    8.2.2　人身保險理賠的原則和基本要求 …………………………………（97）

    8.2.3　人身保險的理賠機構 ………………………………………………（97）

    8.2.4　人身保險理賠的程序和內容 ………………………………………（98）

9　人身保險資金運用 ……………………………………………………………（101）

  9.1　人身保險準備金 ………………………………………………………………（101）

    9.1.1　人身保險準備金的概念 ……………………………………………（101）

    9.1.2　人身保險準備金的構成 ……………………………………………（101）

  9.2　人身保險資金的來源、特徵與運用原則 ……………………………………（103）

    9.2.1　人身保險資金的來源與特徵 ………………………………………（103）

    9.2.2　人身保險資金運用的原則 …………………………………………（104）

  9.3　人身保險資金運用的形式及其投資組合 ……………………………………（106）

  9.3.1 人身保險資金運用的形式 ………………………………… (106)
  9.3.2 人身保險資金運用組合分析 ……………………………… (108)

10 人身保險監管 ……………………………………………………… (111)
 10.1 人身保險機構監管 ……………………………………………… (111)
  10.1.1 保險公司的市場准入監管 ………………………………… (111)
  10.1.2 保險公司的市場退出監管 ………………………………… (113)
  10.1.3 人身保險仲介人的監管 …………………………………… (114)
 10.2 人身保險業務監管 ……………………………………………… (115)
  10.2.1 人身保險業務範圍的監管 ………………………………… (115)
  10.2.2 人身保險合同的監管 ……………………………………… (115)
  10.2.3 人身保險資金運用的監管 ………………………………… (116)
 10.3 人身保險償付能力監管 ………………………………………… (116)
  10.3.1 保險公司資本金監管 ……………………………………… (116)
  10.3.2 保險公司保證金監管 ……………………………………… (117)
  10.3.3 保險公司總準備金監管 …………………………………… (117)
  10.3.4 保險公司責任準備金監管 ………………………………… (118)
  10.3.5 保險公司最低償付能力監管 ……………………………… (119)
  10.3.6 保險公司利潤分配監管 …………………………………… (120)

第一部分
人身保險理論

1 人身保險概述

1.1 人身風險與人身保險

1.1.1 人身風險的含義

風險是某一事件發生的不確定性。人身風險是風險的一類，是指在日常生活以及經濟活動中，個人生命、身體所遭受到的，導致人死亡、傷殘、喪失勞動能力以及其他費用支出增加的風險。人身風險一旦發生，將給個人、家庭，甚至其所歸屬的社會組織，帶來一定的損失。風險發生可能帶來人的身體、生命、健康等的直接損失，還可能會因為事業、疾病、退休等帶來支出的增加、收入的下降甚至完全喪失正常收入，以及更進一步的精神創傷、痛苦、悲傷和壓抑等間接而不可測量的損失。因此，人身風險所導致的損失包括收入能力損失和額外費用損失兩種。

1.1.2 人身風險的要素

一般來說，風險由三要素構成：風險因素、風險事故和風險損失。人身風險的要素包括人身風險因素、人身風險事故和人身風險損失。

（1）人身風險因素

風險因素是指引發風險事故或風險事故發生致使損失增加的原因和條件。人身風險因素主要包括健康狀態、年齡、職業、居住環境等，具體可以分為三類：

①實質風險因素，也稱有形風險因素，是指能夠導致人身風險事故發生或增加人身風險事故發生的機會或擴大損失程度的物質性因素，如惡劣的居住環境、受污染的食物、有瑕疵的汽車等。

②道德風險因素，是指與人的品德修養有關的物性因素，指人們在最大化自身效用的同時，惡意或故意做出不利於他人的事情或行為而存在的風險。

③心理風險因素，是指與人的心理狀態有關的無形因素。相對於道德風險因素，心理因素強調的是人的非故意過失、疏忽行為造成受害人的身體健康和生命安全受到損害的危險。

（2）人身風險事故

風險事故也稱風險事件，是指損失的直接原因或外在原因，也即風險由可能變為現實，以致引起損失結果。人身風險事故是火災、爆炸、地震、車禍、疾病、犯罪行為等導致人身傷亡的事件。

(3) 人身風險損失

損失是非故意的、非計劃的和非預期的經濟價值的減少。損失可以分為直接損失和間接損失，還可以分為實質損失、費用損失、收入損失和責任損失。在人身風險中，損失是指非意願的、非計劃的、非預期的人身健康惡化、生命的喪失以及財務支出。

1.1.3 人身風險的分類

從人身風險導致的後果來看，人身風險可以分為生命風險和健康風險。

(1) 生命風險

生命風險是與人的生存相關的風險，即生存或者死亡給本人、家庭、社會帶來的損失的不確定性。雖然死亡是必然事件，但是死亡發生的事件、原因、地點等則是不確定的。生命風險包括早逝風險和養老風險。

①早逝風險。所謂早逝風險，是指早逝人給其家庭和所屬社會組織帶來的死亡費用、撫養或贍養關係中斷、利益中斷等的損失不確定性。

②養老風險。養老風險是指人到年老後，缺乏基本的生活保障而可能遭受生存危險，或者退休後由於收入的急遽下降，導致個人生活水平和生活品質下降，帶來的心理和精神的衝擊以及其他相關損失和意外發生的不確定性。

(2) 健康風險

健康風險是由於人的身體機能、器官組織等遭受疾病和意外傷害，導致的醫療費用開支、收入下降或完全喪失等的損失不確定性。健康風險包括疾病風險和殘疾風險。

①疾病風險。疾病風險可以分為狹義的疾病風險和廣義的疾病風險兩個層次。狹義的疾病風險是指個人身體機能病變，器官或部分組織感染疾病而導致的人身風險。廣義的疾病風險除了自身身體機能病變引致的疾病風險外，還包括個人由於生育或意外傷害而引起器官或部分組織感染疾病而引起的人身風險。

②殘疾風險。殘疾風險是指疾病、意外傷害事故導致人體組織或器官的損傷、缺損、功能障礙甚至永久性喪失功能等給個人和家庭帶來的損失的不確定性。

1.1.4 人身保險

(1) 人身保險的概念

人身保險是以人的生命或身體為標的，以人的生、老、病、殘、亡為保險事故的一種保險。其基本內容是：投保人與保險人訂立保險合同，確立各自的權利和義務，投保人向保險人繳納一定數量的保險費；在保險期間內，當被保險人發生死亡、殘疾、疾病等保險事故，或被保險人生存期滿時，保險人向被保險人或其受益人給付一定數量的保險金。因此，凡是與人的生命延續或終結以及人的身體健康或健全程度有直接關係的商業保險形式均可稱為人身保險。

(2) 可保人身風險

人身保險是人身風險管理中轉嫁風險的一種手段。但在人身保險的發展過程中，人身風險的普遍性、複雜性往往會與保險的商業性、營利性發生衝突，也就是說，如果保險人不加選擇地滿足各種人身風險轉嫁的要求，就可能使自己陷入危險的境地。因此，

保險人通常將風險劃分為可保風險與不可保風險，其中，可保風險才是保險客戶可以轉嫁和保險人可以接受承保的風險。具體來說，可保人身風險必須具備下述基本條件。

①人身風險的發生是偶然的、意外的。人身風險發生的偶然性是針對單個風險主體來講的，風險的發生與損失程度是不可知的、偶然的，具有隨機性。人身風險成為可保風險的必要條件是其發生與否具有偶然性。同時，人身風險的發生應該是由不可預知的事件所導致，或者是由被保險人非故意引起的事件所導致的。

例如，重大疾病的發生往往是難以預料的；人的死亡雖然是必然事件，但由於一個人的死亡時間是不受自己控製的，因而死亡風險的發生時間具有偶然性。故意行為容易引發道德風險，且發生是可以預知的，不符合保險經營的原則。只要是被保險人和投保人的故意行為所致的損失，保險人一律不予以補償。

②人身風險的損失必須是明確的。對於大多數險種來說，可保風險損失在時間和金額上都要求是可以明確界定的，也就是說，保險人必須明確規定保險金額和保險金的給付時間。死亡、疾病、殘疾和年老等狀態通常是易於識別的，但由此所導致的經濟損失卻難以用金錢來衡量。在人身保險中，保險人對此是通過與被保險人協商、在所訂立的保險合同中規定承保風險發生後保險人負責給付的保險金數額來確定。

③人身風險必須是大量標的均有遭受損失的可能性。保險以大數法則作為保險人建立保險基金的數理基礎。保險人通過收集大量資料，掌握特定人群以往的人身風險損失規律。只有單個或少量標的的風險是不具備此基礎的。因此，單個被保險人的危險發生是無法預測的，但對於一組人數足夠多的被保險人，保險人就可以在大量風險的基礎上，通過大數法則較精確地預測死亡概率、傷殘概率或住院概率、損失率。

④人身風險應有發生重大損失的可能性。如果可能的損失程度是輕微的，就不需要通過保險來獲得保障，因為承保輕微損失風險的管理費用很高，從而使得保險成本與危險的潛在損失存在嚴重的不對稱性，不具備經濟可行性。

(3) 人身保險的特徵

①人身保險是一種定額保險。人的生命和身體不是商品，其價值無法用貨幣衡量。因此，確定人身保險的保險金額首先應該從兩個方面進行考慮：一是投保人對人身保險需要的程度；二是投保人繳納保費的能力。而後由雙方當事人通過協商決定一個數目，作為保險金額。

②人身保險具有變動的危險率。人身風險特別是人壽風險是以死亡為基礎來測定的。不同年齡的人的死亡率不同，特別是人到晚年後，死亡率會加速上升。如果單純按照危險率來確定保險費率，那麼保險費率就會每年變動。被保險人年齡越大，保費越高。大多數被保險人在晚年最需要保險保障的時候就會因無力繳納高額保費而退出，這樣就使人壽保險失去了存在的意義。因此，人身保險一般採用「平準保費法」，通過初保時多收保費來彌補以後年份少收的保險費。

③人身保險具有長期性。人身保險大多屬於長期性合同，保險有效期可以持續幾年，甚至幾十年，保險人的責任期限也自然較長。人身保險的保費收入穩定，可聚積巨額的、可供長期運用的資金，保險人可以從中獲得收益。

一般而言，保險人不能任意中止合同，但在較長的保險期限內，各種保險條件難

免變化，尤其是物價變動等因素對合同雙方的利益均會產生影響。因此有時需要對合同內規定的某些權利、義務加以修正，但一般只允許做對投保人一方有利的修改。

④長期性人身保險具有儲蓄性質。大部分業務保險期滿時，無論保險事故發生與否，被保險人或受益人都可以收回保險金額的全部或部分，一般稱為保單的現金價值。人壽保險的純保費由兩部分組成，即危險保費和儲蓄保費。前者也就是自然保費；後者是投保人的儲金，用以積存責任準備金，其實質是投保人存放在保險人那裡的儲蓄存款，因此也有人將人身保險費稱為「保險儲金」。

⑤人身保險的保險利益具有特殊性。人身保險的保險利益沒有量的規定，因此人身保險主要考察投保人對被保險人是否具有保險利益，無論其金額多少。但在實際業務中，也要考慮投保人的繳費能力等因素。在一些特殊情況下，人身保險的保險利益也有量的規定，如債權人為債務人投保死亡保險，投保利益以債券金額為限等。

此外，人身保險中，保險利益只是訂立合同的前提條件，而不是維持合同有效或給付保險金的條件。只需考慮訂立合同時投保人是否對被保險人具有保險利益，不管其以後有何變化。

1.2　人身保險的分類

目前，國際上對保險的分類並沒有一個固定的原則和標準，各個國家和地區根據不同需要採用不同的方法。

1.2.1　中國的分類

《中華人民共和國保險法》（以下簡稱《保險法》）依據保險標的的屬性不同，將全部業務分為財產保險業務和人身保險業務兩大類。就人身保險而言，《保險法》第九十五條規定：「人身保險業務，包括人壽保險、健康保險、人身意外傷害保險等保險業務」。這種分類方法顯然是建立在保險標的所涵蓋的保障範圍來劃分的，如圖1.1所示。

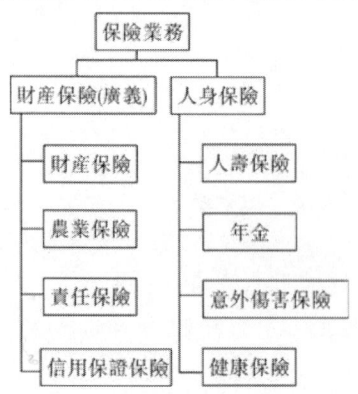

圖1.1　《中華人民共和國保險法》對保險業務的分類

（1）人壽保險

人壽保險是以人的生命為保險標的，以保險人在保險期限內死亡或生存到保險期滿為保險事故的一種人身保險，也稱生命保險。人身保險合同期限一般較長，而且帶有投資性質。根據合同規定的不同，人壽保險可以分為定期壽險、終身壽險、兩全保險、年金保險等。人壽保險在保險費、責任準備金的計算以及會計核算、資金運用、業務管理等方面都有自身的特點。

（2）人身意外傷害保險

人身意外傷害保險，簡稱意外傷害保險，是以被保險人因在保險期限內遭受意外傷害造成死亡或殘疾為保險事故的一種保險。其中的意外傷害是指在被保險人沒有預見到或與被保險人意願相悖的情況下，突然發生的外來致害物對被保險人身體的明顯、劇烈侵害的客觀事實。意外傷害保險的保險責任僅限於意外傷害造成的死亡、殘疾，其他原因（如疾病、生育等）引起的殘、亡不屬於意外傷害保險的保險責任。意外傷害保險可單獨承保，也可作為人壽保險的附加責任保險。單獨承保的意外傷害保險，保險期限較短，一般不超過1年。意外傷害保險在全部人身保險業務中所占比重雖然不大，但是投保人次較多。

（3）健康保險

健康保險是以人的身體為保險對象，保證被保險人在疾病或意外事故所致傷害時的費用支出或損失獲得補償的一種人身保險。如同人壽保險並不是保證被保險人在保險期限內能夠避免生命危險一樣，健康保險並不是保證被保險人不受疾病困擾、不受傷害，而是以被保險人因疾病等原因需要支付醫療費、護理費，因疾病造成殘疾以及因生育、疾病或意外傷害暫時或永久不能工作而減少勞動收入為保險事故的一種人身保險。

1.2.2 世界發達國家的分類

西歐、北美、日本這些保險業較發達的國家和地區，往往依照保險構造技術的不同，將全部保險業務劃分為壽險和非壽險兩大類。壽險就是人壽保險，除此之外的其他各種保險業都劃歸非壽險範圍。非壽險一般可分為海上保險、火災保險、汽車保險、航空保險等。健康保險和人身意外傷害保險應劃歸非壽險範圍。

在保險計算技術上，人壽保險和其他各種保險的差異較大。對於人壽保險，人們用科學的統計方法制定了生命表，並以之為依據計算不同年齡、不同性別、不同境況的被保險人的生存或死亡概率，這種專門的計算方法和數據處理理論，被稱作壽險數學。此外，人壽保險合同絕大多數是長期合同，保險期限長，對於投保人預繳的保險費必須計算利息。因此，人壽保險業務經營在制定保險費率、提存責任準備金時，以預計死亡率、預期利率、預定費用率作為計算基礎，其精算技術要求較高，也相當複雜。而其他保險則以短期（1年或1年以下）合同居多，尤其是意外傷害保險。同時保險事故發生的頻率具有相當大的波動性，也會影響預測的準確性。

壽險與非壽險業務因精算技術上的區別而產生了許多自身的或法規限制上的不同。一般來說，西方的保險業在業務經營上，壽險公司和非壽險公司都可經營健康保險和

意外傷害保險，而人壽保險則只能由壽險公司來經營。

1.2.3 按保險事故分類

按保險事故的不同，人身保險可以分為生存保險、死亡保險和生死合險（兩全保險）三種。它們分別是以保險期限內被保險人生存、死亡、無論生存或死亡作為保險事故的保險。當這些保險事故發生時，保險人按合同約定給付保險金。此外，年金保險為被保險人年老時提供養老退休金，又稱養老保險，也應屬於生存保險。

按照保險事故發生的可能性進行分類，人身保險可分為健體保險和弱體保險。

（1）健體保險

健體保險又稱標準體保險，是指對於身體、職業、道德等方面沒有明顯缺陷的被保險人，保險人按照所制定的標準或正常的費率來承保的保險。大部分的人身保險險種都是健體保險。

（2）弱體保險

弱體保險又稱次健體保險或非標準體保險，是不能用標準或正常費率來承保的保險。此類保險的被保險人發生保險事故的可能性較高，超過了正常人的標準，若使用正常費率將增加保險人的賠付率，因此只能用特別條件來承保。弱體保險在承保時可採用下列方法：

①保額削減法。它是指投保人按正常費率投保，但在一定期間內按比例減少保險金給付金額的承保方法。該方法適用於發生保險事故的可能性遞減的被保險人。

②年齡增加法。它是將被保險人的年齡增加一固定的年數後所對應的費率作為保險費率的承保方法。該方法適用於發生保險事故的可能性遞增的被保險人。

③附加保費法。它對投保人徵收一定金額的額外保費。該方法適用於保險事故發生率與正常值的差值為固定值的被保險人。

1.2.4 按投保方式分類

按投保方式的不同，人身保險可以分為個人保險、聯合保險和團體保險三種。單個被保險人在自願選擇的基礎上投保人身保險稱為個人保險，保險對象為個人。將存在一定利害關係的2個或2個以上的人，如父母、夫妻、子女、兄弟姐妹或合作者等，視為一個被保險人，作為聯合被保險人同時投保的人身保險稱為聯合保險。聯合保險中第一個被保險人死亡，保險金將付給其他生存的人，如果保險期限內無一死亡，則保險金給付給所有聯合被保險人或其指定的受益人。以一份總的保險合同承保某一機關、企業、事業單位或其他團體的全體或大多數成員的人身保險稱為團體保險。團體保險可以分為團體人壽保險和團體健康保險，與個人保險相比有許多不同之處。

1.3 人身保險的功能與效用

1.3.1 人身保險的一般功能

積聚保險基金、組織經濟補償是保險的基本職能，由此而派生出保險的防災、防損、融資等職能。人身保險同樣具有這樣的功能，發揮著保障社會經濟生活穩定和調整國民經濟運轉的作用。

(1) 風險分散功能

社會生產和社會生活常面臨危險。危險的發生具有偶然性，對個人來說要完全防止危險的出現或迴避危險事故造成的損失幾乎是不可能的：一方面個人經濟力量不足，另一方面防範風險的技術手段也極為有限。而通過建立保險機制，可以將少數受害者的損失分攤到處於同樣危險中的多數人身上，對個體而言就實現了對風險的防範。這就是保險的風險分散功能，體現著保險的互濟性。保險不僅是一種法律關係，更是一種經濟互助制度，保險的實質就是多數人基於合作互助分擔個別人在財產和人身上所受損失的經濟行為。

(2) 保險金給付功能

保險金給付功能相當於財產保險中的經濟賠償功能。給付與賠償並不同義。需要賠償的損失可以通過價值形式明確計量，而保險金給付項目則很難用一個固定金額去計量。給付是人身保險支付保險金的特定說法，有時是一次性的，有時則分期進行。

人的生存、年老、死亡、傷殘等均不能用貨幣估值，保險人只能根據被保險人生、老、病、殘、傷、亡的一般特徵和具體情況來確定投保費率，徵收保險費，建立保險基金。保險當事人雙方事先要對保險的條件、期限和金額標準達成協議，保險人按照協議一次或分期付給被保險人保險金。

(3) 調節收入分配功能

保險是調節收入分配的手段之一。它通過投保人繳納保險費，使分散的短期資金集中起來，建立起人身保險長期的保險基金，而保險人根據保險合同履行保險金給付義務，積極運用保險資金從事投資，增加投保人的儲金價值。這相當於對國民收入的再次分配，即把各個投保人的保險費收入的一部分轉移到那些發生了保險事故的投保人名下。

保險調節收入分配的重要意義表現在：遭受了危險事故的投保人能夠通過人身保險機構及時得到經濟補償，不致喪失收入來源或其他經濟利益。這不僅保證了社會安定，而且促進了社會公平，在一定程度上調節了社會成員財產和收入的高低差異。

(4) 企業融資功能

這是指保險機構利用保險基金的長期性、集中性、規模性的特點，積極運用保險資金，按照一定渠道投放，進行投資活動，並預期收回增值資金。一般方式是存款生息、購買債券、股票或不動產，進行期貨交易，還可以直接投資經濟領域，擴大社會

再生產規模，促進經濟增長。

金融融資是市場經濟條件下保證保險機構正常營運的必要手段，也是實現保險資金保值、增值的重要渠道。首先，它可以抵消通貨膨脹對保險基金產生的貶值影響，確保保險待遇與經濟增長及物價上漲同步增長。其次，它可以增強保險經營活力，擴大承保、償付範圍，增強保險機構應付危險的能力。最後，它可以擴大保險財務的收益，向廣大投保人提供低費率的服務，增強市場競爭力。

1.3.2 人身保險的特殊效用

（1）對個人和家庭的效用

人身保險可以減輕個人和家庭對人身危險的憂慮，為個人和家庭提供經濟保障，也是一種個人投資手段。

①經濟保障，化解意外傷害造成的損失。保險最重要的功能是保障，人身危險時時伴隨著人的左右，人身保險可以把個人、家庭的人身危險轉嫁給保險公司。投保人繳納確定金額的保險費以後，即可在被保險人發生死亡、傷殘、疾病、衰老等人身危險時，從保險公司領取一筆保險金以保證家庭生活的穩定，避免因家庭主要勞動力發生保險事故而造成家庭收入減少或支出增加，甚至使生活陷入困境等情況的發生。

②投資手段。由於長期人壽保險中保險公司要對投保繳納的保險費計算利息，滿期給付的保險金大大高於繳納的保險費，所以投保長期人壽保險往往被稱為一種投資手段。壽險具有經濟保障作用，不具有投機性、無風險、收益穩定，因而往往成為人們的投資手段。投保人可以將壽險保單作為抵押向保險公司借款，也可以隨時請求解除合同，領取退保金，因此，人壽保險單具有現金價值，往往被視為個人金融資產。

③保險單所有人和受益人還可享受稅收減免。一般稅法規定，在被保險人死亡時給付的人壽保險金可以免交所得稅，付給受益人的保險金還可以全部或部分免交遺產稅，給保險單所有人的所有支付，如退保金、紅利、兩全保險期滿生存的給付金，免交所得稅的金額相當於所交付的保險費金額。此外，對年金收入也只徵收適量的所得稅，即只對其中的利息收入部分徵稅。

（2）對企業的效用

企業作為投保人，繳納保費為員工投保人身保險，當員工發生死亡、傷殘、疾病等事故時或年老退休後可從保險公司領取一筆保險金，從而穩定企業支出，提高員工福利，增強企業凝聚力。而且不少國家還對此採取鼓勵措施，規定企業為員工投保人身保險支出的保險費，在一定金額以內的部分，可以列為成本，作為稅前支出。

當然，通過投保人身保險，尤其是人壽保險，可以使企業經營不受重要職員的突然死亡的影響，可以使合夥事業不因任一合夥人的死亡而解散，可以使職工安居樂業，同時可以提高企業信用，使企業的證券發行工作用順利進行。

（3）對社會的效用

①人身保險，尤其是長期人壽保險在其經營過程中聚積的大量資金（相當部分是長期資金），可由保險公司進行投資，以便實現保值、增值。人身保險資金的投資運用，實際是把部分個人消費在一定時期內投入生產領域或其他經濟領域，發揮促進經

濟發展的作用。保險公司作為金融機構的一種，其經營也具有調節金融的作用。保險業與銀行業、證券業是同等重要的金融活動，對一國金融事業的穩定有較大責任。

②有助於擴大社會就業。據統計，1996年，美國保險業為220萬人提供了的就業機會。其中，壽險總公司約有57萬名從業人員，而代理人、經紀人和其他服務人員則約為70萬名。近年來，中國人身保險行業的從業人員總數也有較大幅度的增加。從某種程度上說，人身保險行業是全社會勞動力的蓄水池，它的發展對整個社會穩定發展的作用是不容忽視的。

③有助於解決社會老齡化問題。根據聯合國制定的劃分標準，當一國總人口中60歲以上的老年人所占總人口的比例達到10%時，即被認為是進入了老齡化性會。根據世界銀行的統計，中國在2000年就已跨入了老齡化社會，到2026年，中國60歲以上的老年人口將占總人口數的18%，也就是說，全世界將有1/4的老年人集中在中國。雖然社會保險、社會保障體系在處理這個問題上也有其獨到之處，但由於其保障範圍、保障程度等因素的限制，單靠社會保險來解決養老問題是遠遠不夠的。而人身保險與社會保險相比，有著後者所無法比擬的優勢。因此，將兩者有機地結合起來，互為補充，構建一個全面、有效的社會保障體系，可以更好地解決人類社會面臨的人口老齡化問題。

1.4 人身保險的基本原則

長期的人身保險業務發展中逐漸形成了幾個基本原則，為各國所共同認可並遵守。各國人身保險的實踐證明，堅持這些基本原則有利於維護保險雙方的合法權益。

1.4.1 保險利益原則

《中華人民共和國保險法》（以下簡稱《保險法》）規定，投保人對保險標的應當具有保險利益。投保人對保險標的不具有保險利益的，保險合同無效。保險利益是指投保人或者被保險人對保險標的具有的法律上承認的利益。可見，保險利益是保險合同的客體，是其生效的前提條件，要求投保人或被保險人對保險標的無論屬於何種利害關係都必須具有確定的經濟利益，這種經濟利益使得投保人或被保險人因保險標的發生危險事故而受損害，因其不發生危險事故而繼續擁有並受益。保險利益原則的確立，有三方面的意義：一是從本質上與賭博劃清了界限，防止投保人利用保險進行賭博，遏制了對毫無關係的人的生命或身體投保以賺取保險金的行為；二是防止道德危險的產生，使投保人或被保險人從自身利益出發，自覺從事防災減損工作；三是限制保險賠償金額，要求投保人或被保險人在保險事故不發生時具有保險利益，事故發生後其請求損害賠償或給付的範圍應以此為限。

人身保險合同以人的壽命和身體為保險標的，在保險利益的確定、金額限定等方面比較複雜。

中國《保險法》第三十一條規定，投保人對下列人員具有保險利益：本人；配偶、

子女、父母；前項以外與投保人有撫養、贍養或扶養關係的家庭其他成員、近親屬。除前款規定外，被保險人同意投保人為其訂立合同的，視為投保人對被保險人具有保險利益。這裡仍然強調經濟利益，所以債權人對債務人有保險利益；該項保險利益以債務人實際承擔的債務為限；本人對為本人管理財產或具有其他利益關係的人具有保險利益，如企業對其重要職員（總經理、總經濟師等）的生命有保險利益；合夥人對其他任一合夥人的生命有保險利益；雇用人或委託人對受益人或受託人的生命具有保險利益。

對於人身保險，保險利益原則要求投保人訂約之時對被保險人具有保險利益，而不管保險事故發生時是否具有。正因為有此規定，人壽保險也具有有價證券的性質。

如果被保險人因合同「除外責任」規定的原因死亡，如自殺、刑事犯罪被處決等，均構成保險利益的消滅，從而保險合同失效。由於人身保險標的物的特殊性，一般不存在保險利益的轉移。只有那些為一般利害關係而訂立的人身保險合同，如債權債務關係，可以作為繼承人的利益繼續存在。否則，人身保險的保險利益不得繼承或轉讓。

1.4.2 最大誠信原則

誠信是指誠實、守信，是一般經濟合同關係中雙方當事人都應遵守的先決條件。誠信原則也是世界各國民事立法對民事、商事活動的基本要求。人身保險合同是經濟合同的一種，又具有一定的特殊性，因而更要遵守最大誠信原則。當事人一方的保險人對另一方投保人的情況知之甚少，只能根據投保人的陳述來決定是否承保和如何承保。投保人的陳述完整、準確與否，對保險人承擔的義務意義重大，為了保護保險人的利益，必須要求投保人或被保險人的最大誠信。同時，保險合同尤其是保險條款是保險人單方面擬訂的，比較複雜，又有較多的技術性要求，如人壽保險中保險費率的確定，一般的投保人或被保險人是很難充分瞭解和掌握的，所以要求保險人從最大誠信原則出發，正確計算保費，認真履行保險合同的責任和義務。因此，這一原則適用於雙方當事人，任何一方的隱瞞、詐欺行為都可能導致合同的失效或在法律訴訟中處於不利處境。

所謂最大誠信，比較典型地體現為保險實務中的告知、保證、棄權與禁止反言。

（1）告知

所謂告知，是指投保人在投保時必須將有關保險標的危險的重要事實如實告訴保險人。其中，重要事實是指會影響到保險人決定是否接受承保或對保險費率的釐定起決定作用的事實。投保人在投保時及合同有效期間，對危險的顯著增加或者保險事故的發生都有及時通知保險人的義務。中國《保險法》第十七條規定：「訂立保險合同，保險人應當向投保人說明保險合同的條款內容，並可以就保險標的或者被保險人的有關情況提出詢問，投保人應當如實告知。投保人故意隱瞞事實，不履行如實告知義務的，或者因過失未履行如實告知義務，足以影響保險人決定是否同意承保或者提高保險費率的，保險人有權解除保險合同。」對人身保險而言，告知義務主要體現在投保人在投保時要如實申報被保險人的年齡、健康狀況、職業工種、家族病史等重要事實；保險事故發生後，投保人要提供保險人要求的各種真實證明；續保時，投保人要向保

險人申報不同於前期的危險情況。

在保險實務中，投保人實行告知義務有兩種做法：一是無限告知，即投保一方要盡量將有關情況提供給保險人，告知範圍包括所有可能影響保險人決定承保與否的事實情況；二是詢問回答，即投保人對保險人在瞭解情況時所提出的詢問均要如實回答。兩種做法相比，後一種比較合理。

（2）保證

保證是指投保人或被保險人對保險人所做出的特定擔保事項，即擔保事項的作為或不作為，某種事項的存在或不存在。保證主要是對投保人的一種利益約束，以保護保險人的利益。保證按其形式可分為明示保證和默示保證。明示保證是以文字或書面的形式在保險合同中載明，並成為合同條款的保證。明示保證又可分為認定事項保證和約定事項保證。認定事項保證又叫確認保證，涉及過去與現在，是投保人對過去或現在某一特定事實存在或不存在的保證，如某人保證從未得過某種疾病是指過去及現在從未得過，但並不保證將來是否會患該種疾病。約定事項保證又稱承諾保證，是指投保人對未來某一特定事項的作為或不作為，其保證的事項涉及現在和將來，如某人承諾今後不從事高危險性的運動是指從現在開始不參加危險性高的運動，但在此前是否參加過並不重要，保險人也無須知曉。默示保證是指並未在保單中明確載明，但訂約雙方在訂約時都清楚的保證。默示保證一般是國際慣例所通行的準則、習慣上或社會公認的在保險實踐中所遵守的規則。默示保證在海上保險中應用較多。

（3）棄權與禁止反言

棄權是指保險合同當事人一方放棄其在合同中可以主張的某種權利；禁止反言是指合同一方既已放棄其在合同中的某項權利（即棄權），日後即不得再向另一方主張這種權利，也被稱為禁止抗辯。顯然，這一規定在保險實踐中主要是約束保險人的。棄權與禁止反言的限定，要求保險人對其行為及其代理人在代理授權範圍內的行為負責，以防止對投保人或被保險人的利益造成侵害，維護被保險人的權益。

1.4.3 近因原則

近因原則是判斷保險事故與保險標的損失之間的因果關係，從而確定保險賠償責任的一項基本原則。在保險經營實務中，近因原則是處理賠案所需遵循的重要原則之一。所謂近因，是指邏輯上與保險事故發生最近的原因。如果有數種原因同時起作用，則近因是導致該結果的起決定作用或強有力的原因。近因與在時間上或空間上最為接近的原因有不同的意義。

需要注意的是，基於人身保險標的是人的生命、身體或健康，不能用確定的貨幣來衡量，因此除個別情況外，人身保險合同一般屬於定額給付性合同，不適用保險四大基本原則中的損失補償原則，但人身保險中的醫療等傷害性保險既可以採用定額給付方式，也可以採用補償方式。如果選擇後者，就適用損失補償原則，保險人對被保險人支付的醫療保險金不得超過被保險人實際支出的醫療費用。同樣，傷害性保險也適用由補償原則派生出來的比例分攤等原則。

習題

1. 以下各項中，（　　）屬於人身風險。（多選）
   A. 生命風險　　　　　　　　B. 信用風險
   C. 責任風險　　　　　　　　D. 健康風險

2. 生命風險可以分為（　　）。（多選）
   A. 死亡風險　　　　　　　　B. 失業風險
   C. 健康風險　　　　　　　　D. 生存風險

3. 與銀行儲蓄性不同，人壽保險的儲蓄性表現在（　　）。
   A. 保險費的累積　　　　　　B. 本金加利息之和
   C. 現金價值　　　　　　　　D. 保險金額

4. 中國對人身保險合同保險利益的確定方式是（　　）。
   A. 對被保險人的存在有精神幸福
   B. 投保人或被保險人對保險標的必須具有確定的經濟利益
   C. 只要投保人徵得被保險人同意
   D. 限制家庭成員關係範圍並結合被保險人同意

5. 下列有關人身保險的陳述正確的有（　　）。（多選）
   A. 保險標的是人的生命或身體
   B. 保險責任是被保險人的生、老、病、死、傷、殘
   C. 給付條件是保險期間內保險事故發生，造成被保險人傷殘、死亡等或保險期滿被保險人生存
   D. 保險金多是定額給付

6. 人身保險的作用有（　　）。（多選）
   A. 風險分散功能　　　　　　B. 保險金給付功能
   C. 損失補償功能　　　　　　D. 稅收減免功能

7. 什麼是人身風險？如何正確理解人身風險的相關因素之間的關係？

8. 試舉例說明如何正確認識早逝風險。

9. 收集相關重大疾病的發病率及損失分佈、醫療費用數據，談談如何進行疾病風險管理？

10. 如何正確理解人身風險管理的意義？

答案：1. AD　2. AD　3. C　4. D　5. ABCD　6. ABD

2 人身保險的數理基礎

2.1 利息理論

2.1.1 現值函數與終值函數

(1) 本金、利息與累積值的關係

任何一項普通的金融業務都可視為投資一定數量的資金以產生一定的利息。把每項業務開始時投資的金額，即初始投資的金額稱為本金，而經過一段時間後，連本帶利回收的總金額稱為在該時刻的累積值。累積值與本金的差額就是這一段時期產生的利息或所得到的利息報酬。顯然，本金+利息＝累積值。

決定累積值或終值大小的三個因素為：本金；投資期限（即投資的時間長度，稱度量時間長度的單位為時期，簡稱為期，可以以 1 年、半年、1 季度、1 月等為 1 期）；利息的度量方式。

(2) 終值函數與總量函數

①終值函數。1 單位本金從投資之時起，經過 t 期後的累積值或終值，記為 $a(t)$。在利息度量方式一定的條件下，$a(t)$ 是所經歷的時期 t 的函數，稱之為終值函數或累積值函數。

它具有如下性質：a. $a(0)=1$；b. 一般地，$a(t)$ 為 t 的增函數（未必是嚴格的）；c. 當利息連續產生時，$a(t)$ 為 t 的連續函數。

②總量函數。K（$K>0$）個單位本金，經歷 t 期後的累積值或終值，記為 $A(t)$。在利息度量方式一定的條件下，它同樣是所經歷的時期 t 的函數，稱之為總量函數或數量函數。$A(t)$ 具有與 $a(t)$ 類似的性質：a. $A(0)=k$；b. 一般地，$A(t)$ 為 t 的增函數；c. 當利息連續產生時，$A(t)$ 為 t 的連續函數。

總量函數與終值函數的關係為：

$$A(t)=k \cdot a(t) \quad 或 \quad A(t)=A(0)a(t)$$

即 $K \xrightarrow{\times a(t)} Ka(t)$，因此稱 $a(t)$ 為累積因子，這種由本金到終值的過程稱為累積過程。

(3) 現值函數

為了獲得未來一定數量的貨幣而現在必須投入的金額或本金就稱為這未來一定數量的貨幣在現在時刻的現值。簡言之，將未來一定數量的貨幣按一定方式折算為現在的價值，稱為現值。為了獲得 t 期後的 1 單位貨幣而現在必須投入的本金，即現值，記

為 $a^{-1}(t)$。顯然，$a^{-1}(t)$ 經過 t 期的累積可以達到終值 1，即 $a^{-1}(t) \cdot a(t) = 1$，從而 $a^{-1}(t) = \dfrac{1}{a(t)}$，即 $Ba^{-1}(t) \xrightarrow{\times a(t)} B$，稱 $a^{-1}(t)$ 為折現因子，這種將未來金額換算為現在的價值的過程稱為折現過程。

2.1.2 利息的度量方式

利息可以用三種方式來度量：一是用利息率來直接度量利息；二是用貼現率來間接度量利息；三是用利息力來度量利息產生的強弱程度。

(1) 利息率

利息率，簡稱利率，是一定時期內產生的利息與投入或貸出的本金之比率。它反應了單位本金在單位時期內產生利息的多少。

①實際利率。所謂實際利率，就是一定期內實際產生的利息與期初投入的本金之比，直接反應了單位本金在單位時期內產生利息的水平高低。通常把一年結算一次的年利率稱為年實際利率。

假設某投資在第 t 期末的累積值為 $A(t)$ 或 $a(t)$，第 t 期的實際利率為 i_t，則

$$i_t = \frac{A(t) - A(t-1)}{A(t-1)} = \frac{a(t) - a(t-1)}{a(t-1)}, \ t \in N \tag{2.1}$$

顯然，下列關係式成立：

$$A(n) = A(0)(1+i_1)(1+i_2)\cdots(1+i_n) \tag{2.2}$$
$$a(n) = (1+i_1)(1+i_2)\cdots(1+i_n) \tag{2.3}$$

a. 單利。所謂單利，指的是每期產生的利息不加入本金時在下期產生的新的利息，或者說利息與經歷的時間長度成正比，即利息=本金×利率×時間。假設每期利率為 i，在時刻 t 按單利計算的終值 $a(t)$ 為：

$$a(t) = 1 + it, \ t \geq 0 \tag{2.4}$$

單利條件下的現值函數為：

$$a^{-1}(t) = (1+it)^{-1} \tag{2.5}$$

b. 複利。按本金計算出的利息加入到本金之中以在下一期產生新的利息，即利上加利或「利滾利」。假設每期利率為 i，在時刻 t 按複利計算的終值 $a(t)$ 為：

$$a(t) = (1+i)^t, \ t \geq 0 \tag{2.6}$$

複利條件下的現值函數為：

$$a^{-1}(t) = (1+i)^{-t} \tag{2.7}$$

②名義利率。假設年利率為 6%，每年結轉利息 4 次，那麼每一季的利率為 $\dfrac{6\%}{4}$ = 1.5%。若現在投入本金 1，1 年後的終值則為 $(1+1.5\%)^4 \approx 1.0614 = 1 + 6.14\%$，即年初的本金 1 按照 1 年結息 4 次的方式，在年末將增值 6.14%，這 6.14% 就稱為年實際利率，而計算所採用的初始年利率 6% 則稱為年計息 4 次的年名義利率，1.5% 稱為季實際利率，顯然年名義利率是季實際利率為 4 倍。

一般地，如果一期結息 m 次，那麼稱 $\dfrac{1}{m}$ 期的實際利率的 m 倍為該期的名義利率，

記為 $i^{(m)}$。由此可得，$\dfrac{1}{m}$ 期的實際利率為 $\dfrac{i^{(m)}}{m}$。按每期計息 m 次的名義利率，期初投入的本金 1 在期末的終值為 $\left(1+\dfrac{i^{(m)}}{m}\right)^m$，將其寫成：

$$\left(1+\frac{i^{(m)}}{m}\right)^m = 1+i \tag{2.8}$$

滿足式（2.8）中的 $i^{(m)}$ 與 i 具有等價關係，即相同的本金經歷相同的時間將達到相同的終值。

（2）貼現率

①實際貼現率。貼現率就是貼息與票據到期應得金額之比率，而實際貼現率則是在一期內貼息的金額（或損失的利息金額）與期末的應付金額之比率，反應了單位到期值每提前一期而損失的利息。換言之，實際貼現率就是一期內貼現一次的貼現率，將實際貼現率記為 d。

實際貼現率有單貼現與復貼現之分。在單貼現情形，假設每期貼現率為 d，最後一期的終值為 1，於是 $a^{-1}(t)=1-dt$，其中 $0 \leq t \leq \dfrac{1}{d}$。在復貼現情形，假設每期貼現率為 d，則 $a^{-1}(t)=(1-d)^t$。前者每期扣除的貼息的絕對數相同，以到期值為基準計算貼現；後者每期扣除的比例相同，每期的貼息從到期值中扣除後作為新的到期值以計算新的貼息，即「折上有折」。

利息率與貼現率的關係：

$1 \xrightarrow{\text{在利率 } i \text{ 的作用下}} 1+i$，即 1 單位本金在期末的終值為 $1+i$；反過來，可計算出實際貼現率 d：

$$d = \frac{i}{1+i} \tag{2.9}$$

$1-d \xleftarrow{\text{在貼現率 } d \text{ 的作用下}} 1$，即期末 1 單位到期值在期初的現值為 $1-d$；反過來，可計算出實際利率 i：

$$i = \frac{d}{1-d} \tag{2.10}$$

按照利率方式，期末的終值 1 對應於期初的現值為 $v=\dfrac{1}{1+i}$，由此可得：

$$1-d = v \tag{2.11}$$

根據本金 1 經過先累積再貼現後又還原為 1 可得：$(1+i)(1-d)=1$，從而也可說明式（2.11）成立。由此也可看出，貼息只不過是利息的現值。相應地，利息就是貼息的終值。而且還可得到 $i-d=id$。

②名義貼現率。如果每一期內計算 m 次貼息，那麼將 1 期的實際貼現率的 m 倍稱為該期的名義貼現率，記為 $d^{(m)}$。由此可得，$\dfrac{1}{m}$ 期的實際貼現率為 $\dfrac{d^{(m)}}{m}$。

一般地，假設一期內計算 m 次貼息的名義貼現率為 $d^{(m)}$。期末 1 單位終值在期初

的現值為 $\left(1 - \dfrac{d^{(m)}}{m}\right)^m$，將其寫成 $1 - d$，則 d 就是該期的實際貼現率。

$$\left(1 - \frac{d^{(m)}}{m}\right)^m = 1 - d \tag{2.12}$$

$$d = 1 - \left(1 - \frac{d^{(m)}}{m}\right)^m \tag{2.13}$$

$$d^{(m)} = m\left[1 - (1-d)^{\frac{1}{m}}\right] = m\left(1 - v^{\frac{1}{m}}\right) \tag{2.14}$$

(3) 利息力

設一筆投資在時刻 t 的累積值為 $A(t)$，定義該投資在時刻 t 的利息力為：

$$\delta_t = \frac{\dfrac{\mathrm{d}}{\mathrm{d}t}A(t)}{A(t)} = \frac{A'(t)}{A(t)} \tag{2.15}$$

或用累積值函數 $a(t)$ 來定義在時刻 t 的利息力：

$$\delta_t = \frac{\dfrac{\mathrm{d}}{\mathrm{d}t}a(t)}{a(t)} = \frac{a'(t)}{a(t)} \tag{2.16}$$

由於 $A(t) = A(0)a(t)$，因此二者是等價的。根據利息力定義：

$$\delta_t^+ = \lim_{\Delta t \to 0+} \frac{A(t+\Delta t) - A(t)}{\Delta t A(t)} = \lim_{\Delta t \to 0+} \frac{\dfrac{A(t+\Delta t) - A(t)}{A(t)}}{\Delta t} \tag{2.17}$$

式 (2.17) 反應了單位本金每期產生利息的多少或強弱程度，故又稱為利息強度，本質上就是名義利率。

類似於式 (2.17) 的分析，$\delta_t^+ = \lim\limits_{\Delta t \to 0-} \dfrac{A(t) - A(t+\Delta t)}{-\Delta t A(t)}$ 本質上為名義貼現率，反應了單位到期值每提前一期而損失利息的多少，又稱為貼息強度。

用利息力 δ_t 表示 $a(t)$ 或 $A(t)$。根據息力的定義，對式 (2.16) 兩邊積分，即

$$\int_0^t \delta_t \cdot \mathrm{d}t = \int_0^t \mathrm{d}\ln a(t) = \ln a(t) \tag{2.18}$$

$$a(t) = e^{\int_0^t \delta_t \cdot \mathrm{d}t} \tag{2.19}$$

這表明，投入一個貨幣單位的本金，在利息力 δ_t 已知的條件下，經過時期 t 後的終值可按公式 (2.18) 計算。

問題的另一方面為，經過時期 t 後的一個貨幣單位的資本，在利息力 δ_t 已知的條件下，它在該時期之初的現值為：

$$a^{-1}(t) = e^{-\int_0^t \delta_t \cdot \mathrm{d}t} \tag{2.20}$$

綜上所述，容易得出實際利率、名義利率、實際貼現率、名義貼現率、利息力之間的關係：

$$\left(1 + \frac{i^{(m)}}{m}\right)^m = 1 + i = (1-d)^{-1} = \left(1 - \frac{d^{(n)}}{n}\right)^{-n} = e^{\delta} \tag{2.21}$$

或 $\left(1+\dfrac{i^{(m)}}{m}\right)^{-m} = (1+i)^{-1} = 1-d = \left(1-\dfrac{d^{(n)}}{n}\right)^{n} = e^{-\delta}$ (2.22)

2.1.3 確定年金

年金是指在一定時期內在相等的時間間隔上所做的一系列給付。年金並不局限於每年給付一次，只要是每隔相等的時間間隔提供一次給付就形成一個年金。而且，年金每次的給付額可以是固定量，也可以是非固定量。

確定年金是年金的一種形式，指只要事先約定，就必定會支付的年金，即確定年金僅與利率有關，而與人的生死無關。確定年金有多種分類，通常情況下的分類有：年金在每期開始時支付的期初付年金以及每期結束時支付的期末付年金，年金的給付在簽約後即刻開始的即期年金以及經過一段時間後才開始的延期年金，等等。

（1）每期支付一次的等額確定年金

①期末付年金。設每期利率為 i，每期期末給付 1，給付 n 期的年金在 0 點的現值記為 $a_{\overline{n}|}$，在 n 點的終值記為 $s_{\overline{n}|}$ 或 $s_{\overline{n}|}$，它們分別為該期末付年金的現值和終值。

$$a_{\overline{n}|} = v + v^2 + \cdots + v^n = \dfrac{1-v^n}{i} \qquad (2.23)$$

$$s_{\overline{n}|} = (1+i)^{n-1} + (1+i)^{n-2} + \cdots + (1+i) + 1 = \dfrac{(1+i)^n - 1}{i} \qquad (2.24)$$

由式（2.23）和式（2.24）可得 $a_{\overline{n}|}$ 和 $s_{\overline{n}|}$ 具有如下關係：

$$s_{\overline{n}|} = (1+i)^n a_{\overline{n}|} \qquad (2.25)$$

②期初付年金。設每期利率為 i，每期期初給付 1，給付 n 期的年金在 0 點的現值記為 $\ddot{a}_{\overline{n}|}$，在 n 點的終值記為 $\ddot{s}_{\overline{n}|}$ 或 $\ddot{s}_{\overline{n}|}$。依據年金現值、終值的定義有：

$$\ddot{a}_{\overline{n}|} = 1 + v + \cdots + v^{n-1} = \dfrac{1-v^n}{d} \qquad (2.26)$$

$$\ddot{s}_{\overline{n}|} = (1+i)^n + (1+i)^{n-1} + \cdots + (1+i) = \dfrac{(1+i)^n - 1}{d} \qquad (2.27)$$

由式（2.26）和式（2.27）可得 $\ddot{a}_{\overline{n}|}$ 和 $\ddot{s}_{\overline{n}|}$ 具有如下關係：

$$\ddot{s}_{\overline{n}|} = (1+i)^n \ddot{a}_{\overline{n}|} \qquad (2.28)$$

③期末付年金與期初付年金的關係。

$$\ddot{a}_{\overline{n}|} = a_{\overline{n}|}(1+i) \qquad (2.29)$$
$$\ddot{s}_{\overline{n}|} = s_{\overline{n}|}(1+i) \qquad (2.30)$$
$$\ddot{a}_{\overline{n}|} = a_{\overline{n-1}|} + 1 \qquad (2.31)$$
$$\ddot{s}_{\overline{n}|} = s_{\overline{n+1}|} - 1 \qquad (2.32)$$

（2）每期給付 m 次的等額確定年金

①期末付年金。設每期利率為 i，每 $\dfrac{1}{m}$ 期末給付 $\dfrac{1}{m}$，給付 n 期的年金的現值記為 $a_{\overline{n}|}^{(m)}$ 或 $a_{\overline{n}|}^{(m)}$，給付 n 期的年金的終值記為 $s_{\overline{n}|}^{(m)}$ 或 $s_{\overline{n}|}^{(m)}$。

$$a_{\overline{n}|}^{(m)} = \dfrac{1}{m}(v^{\frac{1}{m}} + v^{\frac{2}{m}} + \cdots + v^{\frac{mn}{m}}) \dfrac{1-v^n}{i^{(m)}} \qquad (2.33)$$

$$s_{\overline{n}|}^{(m)} = \frac{1}{m}[(1+i)^{\frac{mn-1}{m}} + (1+i)^{\frac{mn-2}{m}} + \cdots + (1+i)^{\frac{1}{m}} + 1] = \frac{(1+i)^n - 1}{i^{(m)}} \tag{2.34}$$

$a_{\overline{n}|}^{(m)}$ 與 $s_{\overline{n}|}^{(m)}$ 的關係：

$$a_{\overline{n}|}^{(m)} = v^n s_{\overline{n}|}^{(m)} \tag{2.35}$$

$$s_{\overline{n}|}^{(m)} = (1+i)^n a_{\overline{n}|}^{(m)} \tag{2.36}$$

②期初付年金。設每期利率為 i，每 $\frac{1}{m}$ 期初給付 $\frac{1}{m}$，給付期的年金的現值與終值分別記為 $\ddot{a}_{\overline{n}|}^{(m)}$、$\ddot{s}_{\overline{n}|}^{(m)}$。

$$\ddot{a}_{\overline{n}|}^{(m)} = \frac{1}{m}(1 + v^{\frac{1}{m}} + v^{\frac{2}{m}} + \cdots + v^{\frac{mn-1}{m}}) = \frac{1-v^n}{d^{(m)}} \tag{2.37}$$

$$\ddot{s}_{\overline{n}|}^{(m)} = \frac{1}{m}[(1+i)^{\frac{mn}{m}} + (1+i)^{\frac{mn-1}{m}} + \cdots + (1+i)^{\frac{1}{m}}] = \frac{(1+i)^n - 1}{d^{(m)}} \tag{2.38}$$

$\ddot{a}_{\overline{n}|}^{(m)}$ 與 $\ddot{s}_{\overline{n}|}^{(m)}$ 的關係：

$$\ddot{a}_{\overline{n}|}^{(m)} = v^n \ddot{s}_{\overline{n}|}^{(m)} \tag{2.39}$$

$$\ddot{s}_{\overline{n}|}^{(m)} = (1+i)^n \ddot{a}_{\overline{n}|}^{(m)} \tag{2.40}$$

2.2　生命表和生命函數

2.2.1　生命表

人身保險，特別是壽險，是以被保險人的生存和死亡為保險責任的保險，其保費和準備金的計算與被保險人的生死有著密切的關係，然而被保險人自保單生效後的未來存活時間是不確定的，因此我們需要研究人的生、死的規律及其有關概率的計算。

（1）概述

生命表，又稱死亡表，是對一定時期某國家或地區的特定人群自出生直至全部死亡這段時間內的生存和死亡情況的記錄。它刻畫了處於整數年齡的人在整數年內生存或死亡的情況。

生命表所考察的這一群人是一確定的生存集合，一般具有以下三個特點：①人群基數為 l_0；②集合是封閉的，即一旦選定，就不再有人進入，集合人數減少的唯一原因是人的自然死亡；③集合中各成員在每一年齡段上的死亡率是確定的。

生命表是壽險精算的基礎，在厘定保險費和計算責任準備金時，都是以之為基礎計算的。確切地講，生命表中記載的生存數、死亡數、生存率、死亡率以及平均餘命等是壽險精算的基礎。

（2）生存模型

在壽險中，我們視被保險人的生存和死亡為隨機變量，並在此前提下進行相關的計算，同時，為了簡化問題，我們一般假定利率為常數。

為了瞭解和分析生命函數，我們在此引人幾個與生命密切相關的隨機變量。

① $T(x)$：x歲人的餘命，也即年齡為x歲的人未來存活的時間，通常簡寫為T，且T是一個連續的隨機變量。特別地，$T(0)$表示新生兒未來存活的時間。

② $F_x(t)$：T的分佈函數，定義為$F_x(t) = P(T \leq t)$，即對於任意給定的t，x歲的人在t年之內死亡的概率。特別地，$F_0(t)$表示$T(0)$的分佈函數。

③ $S_x(t)$：x歲人的生存函數，定義為$S_x(t) = 1 - F_x(t) = P(T > t)$，即表示$x$歲的人將至少活到$x+t$歲的概率。特別地，$S_0(t)$表示新生兒的生存函數。

下面對$S_x(t)$做一些變換，可以有助於讀者進一步的理解：

$$S_x(t) = P(T > t)$$
$$= P[T(0) > x+t \,|\, T(0) > x]$$
$$= \frac{P[T(0) > x+t]}{P[T(0) > t]} \tag{2.41}$$
$$= \frac{S_0(x+t)}{S_0(x)}$$

上式又可以寫成：

$$S_x(x+t) = S_x(x) S_x(t) \tag{2.42}$$

（3）生命表的結構

通常，生命表包括以下五個基本欄目：

① x：被觀察的人口年齡。

② l_x：生存數，指x歲的生存人數。

$$l_x = l_0 \cdot P[T(0) > x] = l_0 \cdot S_0(x) \tag{2.43}$$

③ d_x：死亡數，指x歲的人在一年內死亡的人數。

$$d_x = l_0 \cdot \{P[T(0) > x] - P[T(0) > x+1]\}$$
$$= l_0 \cdot S_0(x) - l_0 \cdot S_0(x+1) = l_x - l_{x+1} \tag{2.44}$$

④ p_x：生存率，指x歲的人在一年後仍生存的概率。

$$p_x = P(T \geq 1) \tag{2.45}$$

⑤ q_x：死亡率，指x歲的人在一年內死亡的概率。

$$q_x = P(T < 1) = 1 - p_x \tag{2.46}$$

生命表各欄目間存在如下關係：

$$l_x - l_{x+1} = d_x \tag{2.47}$$

$$p_x = \frac{l_{x+1}}{l_x} \tag{2.48}$$

$$q_x = \frac{d_x}{l_x} \tag{2.49}$$

$$p_x + q_x = 1 \tag{2.50}$$

$$l_x = \sum_{0}^{\infty} d_{x+k} \tag{2.51}$$

$$l_x - l_{x+n} = \sum_{k=0}^{\infty} d_{x+k} \tag{2.52}$$

(4) 生命表的選擇

生命表是針對確定的人群構造的，依據不同的劃分標準，生命表可劃分為不同的類型：以一國國民為對象的國民生命表和以人壽保險公司被保險人集團為對象的經驗生命表；以性別為標準劃分時可分為男子表、女子表及男女混合表。此外，按照所考察人群死亡率測定的觀察期間取法的不同，生命表還可分為選擇表、綜合表和截斷表。考慮到壽險業務和年金業務中被保險人生死狀況的差異，生命表還可進一步劃分為壽險生命表和年金生命表。

2.2.2 生命函數

(1) 一般整數年齡生命函數

① $_tp_x$：x 歲的人至少活到 $x+t$ 歲的概率。

$$_tp_x = P(T>t) = S_x(t) = \frac{S_0(x+t)}{S_0(x)} \tag{2.53}$$

② $_tq_x$：x 歲的人在 $x+t$ 歲之前死亡的概率。

$$_tq_x = P(T \leq t) = F_x(t) = 1 - {_tp_x} \tag{2.54}$$

③ μ_x：x 歲時的死力，指在活到 x 歲的人當中，在一瞬間死亡的人所占的比率。其嚴格的數學定義為：

$$\mu_x = -\frac{S_0'(x)}{S_0(x)} \tag{2.55}$$

死力又稱死亡密度或者瞬間死亡率。設 $f_x(t)$ 為概率密度函數，那麼

$$f_x(t) = F_x'(t) = -\frac{S_0'(x+t)}{S_0(x)}$$

$$= -\frac{S_0(x+t)}{S_0(x)} \cdot \frac{S_0'(x+t)}{S_0(x+t)} \tag{2.56}$$

$$= {_tp_x} \cdot \mu_{x+t}$$

④ $_td_x$：x 歲的人在未來 t 年內死亡的數目。其概率表達式為：

$$_td_x = l_0 \cdot [P(T(0)>x) - P(T(0)>x+t)]$$
$$= l_0 \cdot S_0(x) - l_0 \cdot S_0(x+t) = l_x - l_{x+t} \tag{2.57}$$

⑤ L_x：活到 x 歲的人群在 x 歲和 $x+1$ 歲之間所活的總年數。

$$L_x = \int_0^1 l_{x+t}\mu_{x+t} t \mathrm{d}t + l_{x+1} = \int_0^1 l_{x+t}\mathrm{d}t \tag{2.58}$$

⑥ T_x：活到 x 歲的人群在 x 歲之後所活的總年數。

$$T_x = \int_0^\infty l_{x+t}\mu_{x+t} t \mathrm{d}t = \int_0^1 l_{x+t}\mathrm{d}t \tag{2.59}$$

(2) 餘命

① 取整餘命。令 $K_x = [T(x)]$，表示 x 歲的人未來存活的整年數，簡稱為取整餘命。顯然，K_x 是一個離散型隨機變量，我們可從 $T(x)$ 的分佈來研究 K_x 的分佈。

$$P[K(x) = n] = p[n \leq T(x) \leq n+1]$$
$$= F_x(n+1) - F_x(n)$$
$$= S_x(n) - S_x(n+1)$$
$$= \frac{S_0(x+n)}{S_0(x)} - \frac{S_0(x+n+1)}{S_0(x)} \tag{2.60}$$
$$= \frac{S_0(x+n) - S_0(x+n+1)}{S_0(x)}$$

②平均餘命。從前面的內容可知，被保險人的餘命是一個隨機變量，我們稱餘命這一隨機變量的均值為平均餘命。需要注意的是，平均餘命是針對某個人群或某年齡的人的集團而言的，指的是集團中每個成員的餘命的平均值。平均餘命有兩種形式：

a. 完全平均餘命。某年齡對應的完全平均餘命，是指全部可能生存的期間，包括不滿 1 年的零數均計算在內的餘命的平均值。我們用 $\overset{0}{e}_x$ 表示年齡為 x 歲的人的完全平均餘命。顯然，$x + \overset{0}{e}_x$ 為年齡為 x 歲的人的平均死亡年齡。

根據完全平均餘命的定義，其計算公式如下：

$$\overset{0}{e}_x = E(T(x)) = \int_0^\infty t \cdot {}_t p_x \cdot \mu_{x+t} \mathrm{d}t$$
$$= \int_0^\infty {}_t p_x \cdot \mathrm{d}t = \frac{\int_0^\infty l_{x+t} \cdot \mathrm{d}t}{l_x} = \frac{T_x}{l_x} \tag{2.61}$$

b. 簡約平均餘命。某年齡對應的簡約平均餘命是指只考慮所生存的整年期，不包括不滿 1 年的零數而計算的餘命的平均值。年齡為 x 歲的人的簡約平均餘命用 e_x 表示。年齡為 x 歲的人的簡約平均餘命為：

$$e_x = E(K(x)) = \sum_{k=0}^\infty k \cdot P(K=k)$$
$$= \sum_{k=0}^\infty {}_{k+1} p_x = \frac{l_{x+1} + l_{x+2} + \cdots + l_x}{l_x} \tag{2.62}$$

c. 簡約平均餘命和完全平均餘命的關係。

$$\overset{0}{e}_x = e_x + \frac{1}{2} \tag{2.63}$$

2.3　生存年金

2.3.1　生存年金概述

生存年金也是年金的一種形式，以人的生存作為年金支付的條件，即以特定的人仍在生存中為限制條件，按期進行一系列的給付。生存年金與確定年金的基本區別表現在：首先，生存年金以特定的人的生存為給付的條件，而確定年金是一種與特定的

人或年金受領人的生死無關，給付期確定，並且每期給付額也確定的一種年金。但是，在生存年金中，生存僅為給付的必要條件而非充分條件。也就是說，特定的人死亡，年金停止給付；特定的人生存，同樣有可能得不到給付。其次，生存年金的給付期間或給付次數，事先無法確定，而確定年金的給付期間或給付次數事前可以確定。最後，生存年金的有關計算，除考慮利息率外，還必須考慮特定的人或年金受領人的生存率，因而它是一種不確定年金；而確定年金的計算，一般只考慮利息率。

生存年金按不同的標準也有多種分類：僅限特定的人仍在生存中終身均予給付年金額的稱為終身年金；以某一特定期間為限，且以特定的人仍生存作為給付年金額的條件的稱為定期生存年金；生存一定期間或到達一定年齡後，以特定的人仍生存為給付年金額的條件的稱為延付年金；與延付年金相對，從訂約年度開始就以生存為給付年金額的條件的稱為即時年金。

2.3.2 年付一次的生存年金

根據前述內容，在已知複利息率 i 的條件下，n 年來 R 元的現值等於 RV^n，其中 V 是貼現因子。進一步分析，如果一個人在 n 年年末有 p 的可能性獲得 R 元，那麼這個人在年末期望獲得的值應為 $R \cdot p$，顯然這個期望值在 n 年年初的現值為 $V^n(R \cdot p)$。

現將上述思路用於分析與人的生死有關的情形。現年 x 歲的人，若在以後的 n 年內生存，則在年末他可以獲得 R 元的給付；反之，若他在這 n 年內死亡，則這個人將分文無獲。試求這個人在年末期望獲得的給付額在年初的現值。

不難得出，這個本在年末期望獲得的給付額為 $(R \cdot {}_np_x)$，這一給付額在 n 年初的現值為：

$$(R \cdot {}_np_x) = R \cdot V^n \cdot {}_np_x \tag{2.64}$$

為區別於確定給付的現值，以生存為條件所做給付的現值，通常稱為精算現值。當 $R=1$ 時，精算現值 $R \cdot V^n \cdot {}_np_x$ 變為 $V^n \cdot {}_np_x$，其值用特定符號 ${}_nE_x$ 表示，即

$${}_nE_x = V^n \cdot {}_np_x \tag{2.65}$$

如果將前述情形視為一種以被保險人在這 n 年期間內的生存為保險事故，給付約定保險金，如果被保險人於期內死亡，則其所繳保險費分文不退的純生存保險，那麼精算現值 ${}_nE_x$ 便成為被保險人或其投保人購買保險金 1 元的純生存保險的躉繳純保險費。

在壽險精算中，常常引進替換函數，以使結論的表達清晰、運算簡化。在此，定義替換函數 D_x：$D_x = V^x \cdot l_x$，從而

$${}_nE_x = V^n \cdot {}_np_x = V^n \frac{l_{x+n}}{l_x} = \frac{V^{x+n} \cdot l_{x+n}}{V^x \cdot l_x} = \frac{D_{x+n}}{D_x} \tag{2.66}$$

我們首先考慮不連續的生存年金：年金簽約年齡為 x 歲，每年以生存為條件提供的給付額為 1，利率為 i。

(1) 期初生存年金

① 終身生存年金。我們以 a^x 表示此年金在 x 歲的精算現值，終身生存年金在 x 歲

的精算現值為:

$$\ddot{a}^x = \sum_{k=0}^{\infty} {}_kE_x = \sum_{k=0}^{\infty} V^x \cdot {}_kp_x = \sum_{k=0}^{\infty} \frac{D_{x+k}}{D_x} = \frac{1}{D_x} \cdot \sum_{k=0}^{\infty} D_{x+k} \quad \frac{N_{x+1}}{D_x} \tag{2.67}$$

引入替換函數 $N_x = \sum_{k+k}^{\infty} D_{x+k}$,則

$$\ddot{a}^x = \frac{N_x}{D_x} \tag{2.68}$$

② n 年生存年金。我們以 $\ddot{a}_{x:\overline{n}|}$ 表示此年金在 x 歲的精算現值,類似於終身生存年金的分析,可知:

$$\ddot{a}_{x:\overline{n}|} = \sum_{k=0}^{n-1} {}_kE_x = \frac{1}{D_x} \cdot \sum_{k=0}^{n-1} D_{x+k} = \frac{N_x - N_{x+n}}{D_x} \tag{2.69}$$

③ n 年延付終身生存年金。我們以 ${}_{n|}\ddot{a}_x$ 表示此年金在 x 歲的精算現值,由定義知:

$${}_{n|}\ddot{a}_x = \sum_{k=n}^{\infty} {}_kE_x = \frac{N_{x+n}}{D_x} \tag{2.70}$$

④ n 年延付 m 年生存年金。我們以 ${}_{n|m}\ddot{a}_x$ 表示此年金在 x 歲的精算現值:

$${}_{n|m}\ddot{a}_x = = \frac{N_{x+n} - N_{x+n+m}}{D_x} \tag{2.71}$$

(2) 期末生存年金

① 終身生存年金。我們以 a^x 表示此年金在 x 歲的精算現值:

$$a^x = \sum_{k=1}^{\infty} {}_kE_x = \frac{N_{x+1}}{D_x} \tag{2.72}$$

② n 年生存年金。我們以 $a_{x:\overline{n}|}$ 表示此年金在 x 歲的精算現值,類似於終身生存年金的分析,可知:

$$a_{x:\overline{n}|} = \sum_{k=1}^{n} {}_kE_x = \frac{1}{D_x} \cdot \sum_{k=1}^{n} D_{x+k} = \frac{N_{x+1} - N_{x+n+1}}{D_x} \tag{2.73}$$

③ n 年延付終身生存年金。我們以 ${}_{n|}a_x$ 表示此年金在 x 歲的精算現值,由定義知:

$${}_{n|}a_x = \sum_{k=n+1}^{\infty} {}_kE_x = \frac{N_{x+n+1}}{D_x} \tag{2.74}$$

④ n 年延付 m 年生存年金。我們以 ${}_{n|m}a_x$ 表示此年金在 x 歲的精算現值:

$${}_{n|m}a_x = = \frac{N_{x+n+1} - N_{x+n+m+1}}{D_x} \tag{2.75}$$

2.3.3 年付 m 次的生存年金

在實際中,生存年金並不只限於每年給付一次,而是存在大量每隔半年、一個季度甚至一個月便給付一次的生存年金。本節我們考慮這樣的年金:簽約年齡為 x 歲,年金額為 1,一年中分 m 次支付,每次支付 $\frac{1}{m}$,年利率為 i。

(1) 期末生存年金

①終身生存年金。用 $a_x^{(m)}$ 表示此年金的精算現值，則運用 *woolhouse* 近似公式，表達式為：

$$a_x^{(m)} \approx a_x + \frac{m-1}{2m} = \frac{N_{x+1} + \frac{m-1}{2m} \cdot D_x}{D_x} \tag{2.76}$$

② n 年生存年金。用 $a_{x:\overline{n}|}^{(m)}$ 表示此年金的精算現值，則

$$a_{x:\overline{n}|}^{(m)} = a_x^{(m)} - {}_{n|}a_x \approx \frac{N_{x+1} - N_{x+n+1} + \frac{m-1}{2m} \cdot (D_x - D_{x+n})}{D_x} \tag{2.77}$$

(2) 期初付生存年金

類似於期末生存年金的推導，運用 *woolhouse* 近似公式，可以得到期初付生存年金的精算現值：

$$\ddot{a}_x^{(m)} \approx \ddot{a}_x - \frac{m-1}{2m} \tag{2.78}$$

2.4　人壽保險保費的確定

2.4.1　人壽保險純保費的確定

(1) 躉繳純保險費

躉繳純保險費就是一次繳清的保費。它是投保人或被保險人實際繳納的保險費扣除附加保險費後的餘額。在人壽保險中，純保險費的計算是以預定死亡率和預定利息率為主要因素，按收支相等原則，依年齡分別計算的。躉繳純保費的計算原則為：

躉繳純保費的精算現值 = 保額的精算現值

①終身人壽保險。終身人壽保險是指自投保之日起，無論投保人何時死亡，保險人均須在被保險人死亡時給付保險金的保險。

設年齡為 x 歲的人投保終身人壽保險，保額為 1 且在死亡發生的當年年末支付，以 A_x 表示其躉繳純保險費，則

$$A_x = E(Z) = \sum_{k=0}^{\infty} V^{k+1} \cdot {}_k p_x \cdot q_{x+k} = \sum_{k=0}^{\infty} V^{k+1} \cdot \frac{d_{x+k}}{l_x}$$

$$= \frac{1}{V^x \cdot l_x} \sum_{k=0}^{\infty} V^{x+k+1} \cdot d_{x+k} \tag{2.79}$$

定義替換函數 C_x 和 M_x：

$$C_x = V^{x+1} \cdot d_x \tag{2.80}$$

$$M_x = C_x + C_{x+1} + \cdots \tag{2.81}$$

可得：

$$A_x = \frac{M_x}{D_x} \tag{2.82}$$

當終身壽險的保險金額為 R 元時，其躉繳純保險費為：

$$R \cdot A_x = R \cdot \frac{M_x}{D_x} \tag{2.83}$$

②定期人壽保險。死亡保險中，保險期限以一定時期為限的稱為定期保險。定期保險僅於被保險人在保險期限內死亡時給付保險金，生存至期滿則分文不付。

用 $A^1_{x:\overline{n}|}$ 表示 x 歲的人簽約的，保險金額為 1 元的 n 年定期（死亡）保險的躉繳純保費，則

$$A^1_{x:\overline{n}|} = E(Z) = \sum_{k=0}^{n-1} V^{k+1} \cdot {}_kp_x \cdot q_{x+k} = \frac{1}{V^x \cdot l_x} \cdot \sum_{k=0}^{n-1} V^{x+k+1} \cdot d_{x+k}$$
$$= \frac{M_x - M_{x+n}}{D_x} = \frac{C_x}{D_x} \tag{2.84}$$

③延期人壽保險。延期人壽保險是指被保險人在指定保險期內死亡時保險人給付保險金，在延長期內死亡則保險人不付保險金。延期人壽保險可分為延期終身人壽保險和延期定期人壽保險。

a. 延期終身人壽保險。用 ${}_{r|}A_x$ 表示關於 x 歲的人簽約的，保險金額為 1 元的 r 年延期終身人壽保險的躉繳純保險費。

$${}_{r|}A_x = \frac{M_{x+r}}{D_x} \tag{2.85}$$

b. 延期定期人壽保險。用 ${}_{r|n}A_x$ 表示 x 歲的人簽約的，保險金額為 1 元的 r 年延期定期人壽保險的躉繳純保險費。

$${}_{r|n}A_x = \frac{M_{x+r} - M_{x+r+n}}{D_x} \tag{2.86}$$

④兩全保險。兩全保險是指被保險人無論是在 x 歲之前死亡，還是活至 $x+n$ 歲，保險人均須支付保險金。

設年齡為 x 歲的人投保險期限為 n 年，保額為 1 的兩全保險，以 $A_{x:\overline{n}|}$ 表示其躉繳純保險費。

$$A_{x:\overline{n}|} = \frac{M_x - M_{x+n} + D_{x+n}}{D_x} \tag{2.87}$$

（2）均衡純保險費

對一般保單來說，保費都是分期繳納的。每期繳納的保費既可採用自然保費，也可採用均衡保費。自然保費是指每期按被保險人當期的出險頻率計算的保費。均衡保費是指每期繳納相同的保費。

均衡純保費計算的一般原理。根據等值方程可知，對保額、保險期限確定的同一險種來說，躉繳純保費的精算現值與均衡純保費的精算現值應相等，都等於保額的精算現值。所以我們可以利用已求出的躉繳純保費來計算定期繳納的均衡純保費。

我們以 NSP（Net Single Premium）表示死亡保險和生存年金的躉繳純保費的精算現值，以 P 表示定期繳納的均衡純保費，Y 表示投保人繳納的單位純保費的現值。

$$P = \frac{NSP}{E(Y)} \tag{2.88}$$

式（2.88）中，$E(Y)$ 表示單位均衡純保費形成的生存年金的精算現值。

以下考慮保額為 1，簽訂保單的人的年齡為 x 歲，保險期限為 n 年，保費繳納期限為 h 年（$h \leq n$）的險種的均衡純保費的計算。我們以 $_hP$ 表示保費繳納期限為 h 年的均衡純保費。顯然，當 $h=1$ 時，均衡純保費就成為躉繳純保費。當繳納保費的期限與保單期限相同時，我們就直接以 P 表示均衡純保費。

① 定期人壽保險。我們以 $_hP^1_{x:\overline{n}|}$ 表示保額在死亡發生之年年末支付的 n 年死亡保險的年均衡純保費。

$$_hP^1_{x:\overline{n}|} = \frac{M_x - M_{x+n}}{N_x - N_{x+n}} \tag{2.89}$$

② 終身人壽保險。用 $_hP_x$ 表示保額在死亡發生之年年末支付的 h 年死亡保險的年均衡純保費。

$$_hP_x = \frac{M_x}{N_x - N_{x+h}} \tag{2.90}$$

③ n 年兩全保險。以 $_hP^1_{x:\overline{n}|}$ 表示 n 年兩全保險的年均衡純保費。

$$_hP^1_{x:\overline{n}|} = \frac{M_x - M_{x+n} + D_{x+n}}{N_x - N_{x+h}} \tag{2.91}$$

2.4.2 人壽保險附加保費與毛保費的確定

（1）費用負荷毛保費的計算

前面討論了在預定死亡率和預定利息率基礎上對純保費的計算，即在收支平衡原則下，使保險人所承擔的保險責任（保額）的精算現值，等於投保人為此而支出的代價（純保費）的精算現值。由於計算中並未考慮保險人在經營過程中發生的各項費用，所以，本小節將討論費用負荷毛保費的計算。我們知道，費用負荷毛保費應恰好提供保額支付和保單所需一切費用的資金支持。費用負荷毛保費的計算方法與純保費的計算方法相同，都必須遵循等值方程，只是前者需要對費用進行一定的分析。我們的討論就從費用分析開始。

① 費用分析。壽險費用是指壽險經營中所發生的，除保險責任（保額）外的一切支出。因壽險要求保險公司在保單生效前計算出保費，所以保險公司除了對利息率和死亡率進行估計外，也需對未來可能發生的各項費用進行估計，即計算保費時所用費用率為預定費用率。這是預定費用率為計算保費的三大基礎之一的重要原因。

按經營過程環節可將費用分為四類：一是承保費，又叫發行費，指與新保單有關的所有費用，一般按保單來收取，通常作為固定量處理，有時也看成與保費成一定比例。如銷售費用（佣金、廣告費等）、風險分類費（包括健康檢查費）、準備新的合同費等。二是維持費，又叫攬收費，與費用負荷毛保費成比例，每年年初收取保費時發

生該費用。如收取保費的費用、保單內容變更費用等。三是理賠費。在理賠時發生，理賠費一般與保額成比例。如死亡調查費、法律糾紛費、給付手續費等。四是一般費用。其他費用都歸於此類，在整個合同期限內收取該費用，在每個年度的開始通常將一般費用作為保額或年金額的一定比例來收取。如研究費用、稅金、工資、租金、執照費等。

②均衡費用負荷毛保費的計算。對費用負荷毛保費的計算有兩種方法：一是直接根據等值方程來計算費用負荷毛保費。同均衡純保費一樣，費用負荷毛保費要遵循收支平衡原則，式（2.92）即是其計算公式。二是通過對利率和死亡率採用較穩健的假設而在「純保費」中設置不明顯的費用負荷，從而得出費用負荷毛保費。

費用負荷毛保費的精算現值 = 保額的精算現值 + 費用的精算現值 　　　　(2.92)

（2）毛保費的計算

前面求出的費用負荷毛保費是保險公司向投保人收取的毛保費的主要部分。除此之外，保險公司還要附加一定的風險加成、利潤加成等因素。保險公司在經營過程中可能會遇到各種各樣的不確定性：資本市場的波動會造成實際利息率與預定利息率之間的差異，被保險人群體的變化會引起預定死亡率與實際死亡率之間的不同，經營狀況的更改會帶來預定費用率與實際費用率的區別。預定比率與實際比率的偏差，是保險公司所面臨風險的主要原因。一般情況下，保險公司都要在費用負荷毛保費的基礎上進行風險加成。另外，為了獲得一定的盈利，保險公司同樣要在費用負荷毛保費的基礎上進行利潤加成。風險加成和利潤加成是保險公司除費用負荷毛保費外向投保人收取的主要部分。

在實際中，風險加成和利潤加成表現為每年確定的數額或保費的一定百分比。這與對費用的假設一樣，因此對毛保費的計算實際上與對費用負荷毛保費的計算一樣，亦須遵循收支平衡原則，式（2.93）即是其計算公式。有時，為了簡化起見，可通過對利率、死亡率及費用率採用較穩健的假設而在「費用負荷毛保費」中設置不明顯的風險加成和利潤加成，從而得出費用毛保費。

毛保費的精算現值 = 純保費的精算現值 + 附加保費的精算現值 　　　　(2.93)

習題

1. 對編制生命表貢獻最大的是（　　）。
　　A. 約翰·格蘭特　　　　　　　　B. 愛德華·哈雷
　　C. 詹姆斯·多德森　　　　　　　D. 約翰·德·威特
2. 世界上第一家真正的壽險公司是（　　）。
　　A. 美國大都會人壽保險公司　　　B. 英國公平保險
　　C. 美國謹慎保險公司　　　　　　D. 倫敦謹慎保險公司
3. 每期按照被保險人當期的出險頻率計算的保險費，稱為（　　）。
　　A. 躉繳保費　　　　　　　　　　B. 年繳保費
　　C. 自然保費　　　　　　　　　　D. 均衡保費

4. 附加保險費包括（　　）。(多選)
　　A. 風險加成　　　　　　　　　B. 稅款支出
　　C. 保險企業盈利　　　　　　　D. 營業費用支出
　　E. 給付保險金支出
5. 什麼是利息力？利息力的作用是什麼？
6. 什麼是確定年金？
7. 簡述保費的構成及其決定因素。

答案：1. B　2. B　3. C　4. ABCD

3 人身保險合同

3.1 人身保險合同概述

3.1.1 人身保險合同的概念

根據《中華人民共和國合同法》的定義，合同是平等的自然人、法人、其他組織之間設立、變更、終止民事權利與義務關係的協議。保險合同也稱保險契約，是商業保險中投保人或被保險人與保險人約定權利與義務關係的協議，是保險當事人在平等的基礎上充分協商、本著真實、自願和誠實信用的原則訂立的，也是保險當事人雙方的法律行為。當雙方意思表示一致時，保險合同成立；在滿足一定條件時，保險合同具有法律效力。保險所體現的經濟補償關係必須通過訂立保險合同才能得以實現。人身保險合同則是投保人與保險人約定人身保險權利與義務關係的協議。

3.1.2 人身保險合同的特徵

人身保險合同作為投保人與保險人約定保險權利與義務關係的協議，適用《中華人民共和國保險法》（以下簡稱《保險法》）、《中華人民共和國合同法》等的有關規定。人身保險合同具有以下特點：

（1）人身保險合同是有名合同

有名合同是法律直接賦予某種合同以特定的名稱，並以相應的法律制度調整的合同。法律尚未為其確定名稱和特定規範的合同是無名合同。一般情況下，只有那些社會經濟關係重大、影響深遠的合同才會被法律確定其名稱和特定的規範。人身保險合同是法律直接賦予名稱的合同。同時，又有《保險法》對人身保險合同進行特別的調整。因此，人身保險合同是有名合同。

（2）人身保險合同是要式合同

要式合同是指採用特定形式訂立的合同，如必須以書面形式訂立的合同就是一種要式合同。根據中國《保險法》規定，中國保險合同應當以「書面協議形式」訂立。這種書面形式既可以詳細記載雙方當事人的權利和義務，有利於合同的履行，同時又對人身保險合同的訂立起到證明作用。儘管隨著承保技術的進步，國外允許電話投保和電子郵件投保，但最終還要以出具保單作為保險關係成立和有效的證明。究其原因，主要是因為人身保險合同與人身密切相關，具有很大的不確定性，特別是壽險合同的期限往往還很長。為了避免日後發生糾紛和爭議，維護公平性、有效性，對人身保險

合同做出要式性的規定是非常有必要的。

(3) 人身保險合同是附合合同

附合合同又稱格式合同，是指合同的條款事先由當事人的一方擬定，另一方只有接受或不接受該條款的選擇，而不能就該條款進行修改或變更的合同。人身保險合同的條款事先由保險人擬定，經監管部門審批或報備。投保人往往不熟悉保險業務，很難對保險條款提出異議。投保人購買保險，要麼附合保險人的合同，即同意合同條款併購買該合同，要麼拒絕購買該保險，一般沒有修改合同內容的權利。即使需要變更某項內容，投保人也只能採納保險人事先準備的附加條款。因此，在附和合同中，保險人較之投保人、被保險人處於明顯優勢。由於人身保險合同的這種附合性，當合同雙方對人身保險合同條款的某些詞義理解有分歧時，法院通常會做出有利於被保險人的解釋。不過隨著保險市場競爭的激烈化，保險客戶亦部分地獲得了與保險人平等協商人身保險合同內容的權利，因此，固定格式人身保險合同的有關內容在某種條件下亦存在著修改的可能性，個別保險業務甚至可以臨時協商、訂立無既定格式的人身保險合同。

(4) 人身保險合用是有償合同

有償合同是指享有權利同時必須承擔義務的合同。訂立人身保險合同是雙方當事人有償的法律行為。一方要享有合同的權利，就必須對另一方付出一定的代價，這種相互報償的關係，稱為對價。投保人與保險人的對價是相互的。投保人的對價是支付保險費，而保險人的對價是承擔給付保險金的責任，但這種對價並不意味著保險人要對投保人付出對等的代價，即一定要給付保險金或賠償損失。只是當被保險人死亡、傷殘、疾病或者達到合同約定的年齡、期限時，保險人才承擔給付保險金的責任。這也正是人身保險合同的本質所在。

(5) 人身保險合同是雙務合同

雙務合同是指合同當事人雙方相互享有權利，同時也承擔義務的合同。人身保險合同的保險人享有收取保險費的權利，同時承擔約定事故發生時給付保險金或補償被保險人實際損失的義務。人身保險合同的投保人承擔支付保險費的義務的同時，被保險人或受益人在保險事故發生時依據人身保險合同享有請求保險人賠付保險金的權利。

(6) 人身保險合同是最大誠信合同

中國《保險法》明確規定從事保險活動必須遵守最大誠信原則。最大誠信原則是保險的基本原則，每份人身保險合同的訂立、履行都應當遵守最大誠信原則。

3.1.3 人身保險合同的形式

中國《保險法》規定，訂立保險合同必須採用書面形式。人身保險合同的書面形式主要有投保單、暫保單、保險單、保險憑證、保險批單和其他書面協議形式。

(1) 投保單

投保單是投保人向保險人提出保險要求和訂立人身保險合同的書面要約。投保單又稱「要保書」或「投保申請書」，是保險人出具保險單的依據和前提。投保單一般由保險人事先根據險種需要設計內容格式，投保人投保時依投保單所列的內容逐一填

寫，保險人再據此核實情況，決定是否承保。投保單一般都會載明保險合同的主要條款，包括：投保人、被保險人以及受益人的姓名、身分證號碼、性別、家庭住址、出生年月等基本信息；投保的險種、保險金額、保險期限、繳費方式、繳費期限；開始認領年金年齡、領取方式、領取標準、紅利派發形式；保險費和付款方式；告知事項；投保人簽名及申請時間；等等。投保單是人身保險合同的重要組成部分，如果投保單上有記載，而保險單上有遺漏，其效力與記載在保險單上相同。投保單一經保險人簽章承保，合同即成立。

（2）暫保單

暫保單是在出立正式保險單或保險憑證之前出具的臨時性保險證明。暫保單通常只記載保險單中的被保險人、保險金額、保險險種等重要事項以及保險單以外的特別約定。暫保單經保險人或保險代理人簽章後，交付投保人。暫保單在保險單未簽發前，與保險單具有同樣的法律效力，但其有效期較短，通常以30天為期限，並在正式保險單簽發時自動失效。正式保險單簽發前，保險人可以終止暫保單，但須提前通知投保人。

（3）保險單

保險單又稱保單，是保險人和投保人之間訂立人身保險合同的正式書面文件。它包括前述人身保險合同內容中的所有內容，是投保人與保險人履行權利與義務的依據，是最為重要的書面形式。簽發保險單不構成保險合同成立的要件，而只是保險人的法定義務。若是在簽發保險單前發生了保險事故，人身意外保險人收到款項但未出單，發生保險事故時應予賠償；而對於其他長期性壽險，就算保險人收到款項，保險責任也要到出單後才開始。

（4）保險憑證

保險憑證也是一種人身保險合同的書面形式。它具有與保險單相同的效力，但在條款的列舉上較為簡單。只有少數業務使用此類形式。

（5）保險批單

批單是人身保險合同雙方就保險單內容進行修改和變更的證明文件，通常用於對已經印製好的保險單的內容進行部分修改，或對已經生效的保險單的某些項目進行變更。批單一經簽發，就自動成為人身保險合同的組成部分。批單的法律效力優於保險單，當批單內容與保險單不一致時，以批單內容為準。

3.2 人身保險合同的要素

人身保險合同的要素包括合同的主體、客體和內容三部分。

3.2.1 人身保險合同的主體

按照民法規定，主體是指享有權利與承擔義務的人。人身保險合同的主體是指與人身保險合同發生直接、間接關係的人（含法人與自然人），包括當事人、關係人和輔

助人。

(1) 人身保險合同的當事人

人身保險合同的當事人是指直接參與建立保險法律關係、確定合同的權利與義務的行為人，即參與訂立人身保險合同的主體，包括投保人和保險人。

①投保人。投保人又稱要保人，是向保險人申請訂立人身保險合同，並負有繳付保險費義務的人身保險合同的一方當事人。投保人作為人身保險合同的當事人，要求具備以下條件：

第一，投保人必須具有完全的民事權利能力和行為能力。一般而言，沒有法人資格的組織及無行為能力和限制行為能力的自然人均不能成為投保人。《中華人民共和國民法通則》規定，年滿18周歲的公民具有完全民事行為能力；16周歲以上不滿18周歲的公民，以自己的勞動收入為主要生活來源的，視為完全民事行為能力人；不滿18周歲的未成年人和雖滿18周歲但不能辨認自己行為的公民，不具有完全行為能力。

第二，投保人須對被保險人具有保險利益。否則，不能申請訂立該保險標的的人身保險合同，已訂立的合同也視為無效合同。投保人可以為自己的利益投保，亦可為他人的利益投保。投保人為他人的利益投保時，在未經委託的情況下，應徵得他人同意或將其訂約目的告知保險人，以便保險人查明其是否具有保險利益並決定是否承保。

第三，投保人必須是與保險人訂立人身保險合同的人，並按約定繳付保險費。該條件包含兩層含義：一是投保人須是以自己的名義與保險人訂立人身保險合同的當事人。無論是自然人還是法人，只有與保險人訂立人身保險合同後，才能成為投保人。二是投保人須依人身保險合同中的約定支付保險費。

②保險人。根據人身保險合同，保險人擁有向投保人收取保險費的權利；當保險事故發生或者約定的保險期限屆滿時，保險人有履行賠償責任或者給付保險金的義務。保險人要求具備下列條件：

第一，保險人要具備法定資格。保險人常以各種經營組織形態出現。因保險經營的特殊性，各國法律都對保險人從業的法律資格做出了專門規定。大多數國家規定只有符合國家規定的條件並經政府批准的法人方可經營保險，成為保險人，並在執照規定的範圍內經營保險。如果保險人不具有法人資格，其所訂立的合同無效。但也有少數特例，如英國勞合社的承保社員，是經國家批准、具有完全民事行為能力、符合一定的資產和信譽要求的自然人來作為保險人經營保險業務的。中國《保險法》規定：保險人必須是依法成立的保險公司，分為國有獨資公司和股份有限公司兩種形式。

第二，保險公司須以自己的名義訂立人身保險合同。作為一方當事人，保險人只有以自己的名義與投保人簽訂人身保險合同後，才能成為人身保險合同的保險人。

(2) 人身保險合同的關係人

人身保險合同的關係人是指與人身保險合同有經濟利益關係，而不一定直接參與人身保險合同訂立的人。保險關係人包括被保險人、受益人、保單所有人。

①被保險人。被保險人是指其人身受人身保險合同保障，享有保險金請求權的人。被保險人的生命、身體等是人身保險合同的保險標的，是保險事故發生的主體對象。

投保人與被保險人之間的關係有以下兩種情形：一是投保人與被保險人是同一人，

二是投保人與被保險人不是同一人,投保人是人身保險合同的當事人,而被保險人是人身保險合同的關係人。當投保人以他人為被保險人投保時,須遵守以下規定:第一,被保險人須是人身保險合同中指定的;第二,須徵得被保險人的同意;第三,不得為無民事行為能力的被保險人投保以死亡為給付保險金條件的人身保險(《保險法》規定了例外的情況,即父母為未成年子女投保的人身保險,不受此規定限制,但是死亡給付保險金額總和不得超過金融監督管理部門規定的限額)。

②受益人。受益人又叫保險金受領人,即人身保險合同中約定的,在保險事故發生後享有保險金請求權的人。在財產保險合同中,並沒有專門的受益人規定。這是因為財產保險的被保險人通常就是受益人。只有在某些特殊情況下,財產保險合同的當事人才約定由第三者享有優先受領保險賠償的權利,而第三者一般是被保險人的債權人,並非保險法上的受益人。

在人身保險合同中,受益人是由被保險人或者投保人指定的享有保險金請求權的人,可以是一人,也可以是數人。投保人、被保險人都可以為受益人。受益人與投保人是同一人時,受益人就是合同當事人;否則,受益人是合同關係人。

③保單所有人。保單所有人又稱保單持有人,是擁有保單各種權利的人,主要適用於人壽保險合同。擁有人壽保單的保單所有人的權利通常有:變更受益人、領取退保金、領取保單紅利、以保單作抵押借款、放棄或出售保單的一項或多項權利於指定的新的所有人。保單所有人是在投保人和保險人訂立合同時產生的,可以是一個人,也可以是組織,既可以與受益人是同一人,也可以是投保人等其他任何人。中國的人壽保險合同中沒有此概念。通常保單所有人所擁有的權利由投保人、被保險人或受益人單獨或分別享有,如分紅保單的被保險人可領取保單紅利,投保人可要求退保並獲得退保金,等等。

(3)人身保險合同的輔助人

人身保險合同的輔助人是指協助人身保險合同的當事人簽署人身保險合同或履行人身保險合同,並辦理有關保險事項的人,包括保險代理人、保險經紀人和保險公估人。人身保險合同的輔助人為人身保險合同的訂立和履行提供服務,對人身保險合同既不享有直接權利,也不承擔直接義務,但對人身保險合同的訂立起著保險人或保險客戶的代理人的作用。由於人身保險合同的輔助人所擔任的角色具有仲介性質,因此又被稱為保險的仲介人。

①人身保險代理人。人身保險代理人是指根據保險人的委託,向保險人收取手續費,並在保險人授權的範圍內代為辦理保險業務的單位或者個人。保險代理人在保險人授權的範圍內代理保險業務的行為所產生的法律責任,由保險人承擔。

保險代理人包括專業代理人、兼業代理人和個人代理人。專業代理人是指專門從事保險代理業務的單位,其組織形式為合夥企業或有限責任公司。兼業代理人是指受保險人的委託,在從事自身保險業務的同時,指定專人為保險人代辦保險業務的單位。個人代理人是指根據保險人的委託,向保險人收取手續費,並在保險人授權的範圍內代辦保險業務的個人。個人代理人必須持有保險代理從業人員資格證書。

保險代理人與保險人之間必須在代辦保險業務以前,根據平等互利和雙方自願的

原則簽訂保險代理合同書，並且必須明確在合同書裡面規定授權的範圍、代理的地域、實踐範圍、險種、雙方的收費標準以及相關的法律責任。

②人身保險經紀人。人身保險經紀人是指基於投保人的利益，為投保人與保險人訂立人身保險合同提供仲介服務，並依法收取佣金的單位，其組織形式為有限責任公司或股份有限公司。經營保險經紀業務，必須按照《保險經紀公司管理規定》設立保險經紀公司。因保險經紀公司的過錯給投保人、被保險人造成損失的，由保險經紀公司承擔賠償責任。

保險經紀人和保險代理人都是保險合同的輔助人，主要的區別在於：第一，保險經紀人代表的是投保人的利益，而保險代理人代表的是保險人的利益；第二，保險經紀人是以自己的名義進行保險經紀活動，而保險代理人則是以保險人的名義與投保人和被保險人發生關係；第三，保險經紀人的保險經紀業務所產生的法律責任由保險經紀公司承擔，而保險代理人在授權範圍內進行活動所產生的法律責任由保險人承擔，只有在授權範圍之外的活動產生的法律責任，才由代理人自己承擔。

③人身保險公估人。人身保險公估人是指接受保險當事人的委託，專門從事保險標的的勘驗、鑒定、估損、理算等業務，並據此向當事人委託方收取合理費用的機構。公估人在保險市場中承擔著專業技術服務功能、保險信息溝通功能和風險管理諮詢功能。保險公估人一般受保險公司的委託開展業務，除少數專門受被保險人委託的公估人之外，只對保險人負責，無須對被保險人負責。其出具的公估報告書一般作為理賠的參考依據，本身不具有法律權威。

保險公估人因為職業疏忽而導致委託人遭受損失時，公估人要承擔法律賠償責任。因此，公估人一般會投保職業責任險。

3.2.2　人身保險合同的客體

按照民法的規定，客體是指權利和義務所指向的對象。人身保險合同的客體不是保險標的本身，而是投保人或被保險人對保險標的的保險利益。這主要是因為人身保險合同保障的不是保險標的本身的安全，而是保險標的受損後投保人或被保險人、受益人的經濟利益。

所謂保險利益，是指投保人或者被保險人對於投保標的所具有的法律上承認的利益。它體現了投保人或被保險人與保險標的之間存在的利益關係。衡量投保人或者被保險人對保險標的是否具有保險利益的標誌，是看投保人或者被保險人是否因為保險標的的損害或喪失而遭受經濟上的損失。保險利益是保險合同的客體，是保險合同生效的依據。只有當投保人或者被保險人對保險標的具有保險利益的時候，才能對該標的投保，否則將會引發不良的社會行為和後果。當投保人或者被保險人對同一個保險標的具有不同的保險利益時，可以就不同的保險利益簽訂不同的保險合同；若在多個保險標的上具有相同的保險利益的時候，也可以就不同的保險標的進行投保。

但是，保險利益不是保險合同的利益。保險利益體現的是投保人或被保險人與保險標的之間存在的經濟利益關係。該關係在保險合同簽訂之前就已經客觀存在或者已有了存在的條件。投保人與保險人簽訂保險合同的目的在於保障這一利益的安全。保

險合同的利益是指保險合同生效以後所取得的利益，是保險權益，如受益人在保險事故發生以後所取得的保險金。保險權益在一定的條件下可以由權利人自由轉讓，如壽險合同的投保人和被保險人經保險人批准後，可以自由變更受益人。

保險利益的成立必須滿足下列條件：
①保險利益必須是合法的權益，被法律認可，受到法律保護；
②保險利益必須是客觀存在的、確定的利益；
③保險利益必須是經濟利益，可以通過貨幣計量。

3.2.3 人身保險合同的內容

人身保險合同的內容通常由保險人與投保人依法約定，以條文形式表現。所以，人身保險合同的內容也就是人身保險合同的條款。

(1) 人身保險合同條款及其特徵

人身保險合同的條款是記載人身保險合同內容的條文，是人身保險合同雙方當事人享受權利與承擔義務的主要依據。人身保險合同的條款具有以下特徵：

①人身保險合同的條款由保險人事先擬定。人身保險合同為附合性合同，通常由保險人事先擬定。這一方面是因為保險發展的需要；另一方面是由於保險業務的特殊性。隨著保險事業的發展，保險業務不斷擴大，保險人為了便於開展業務而事先擬定人身保險合同條款，以備投保人索取。保險業務的專業化，也需要保險人的事先擬定，以便於有關部門的監管，有利於投保人權利的保護。

②人身保險合同條款通常規定各險種的基本事項。由於人身保險合同條款大多由保險人事先擬定，故人身保險合同條款通常只是有關險種的基本條款。對於某一人身保險合同，若投保人有特殊要求，須與保險人協商，在原合同的基礎上訂立特殊條款，或在基本條款的基礎上增加附加條款，擴大保障範圍。

(2) 人身保險合同條款的類型

《保險法》規定，保險合同條款分為基本條款和特約條款。

①基本條款。人身保險合同的基本條款又被稱為法定條款，是根據法律規定，由保險人制定的必須具備的條款。基本條款一般直接印在保險單證上，相對特約條款而言，不能隨投保人的意願而變更。《保險法》第十八條規定，基本條款包括：保險人的名稱和住所；投保人、被保險人的姓名或者名稱、住所，以及人身保險的受益人的姓名或者名稱、住所；保險標的；保險責任和責任免除；保險期間和保險責任開始時間；保險金額；保險費以及支付辦法；保險金賠償或者給付辦法；違約責任和爭議處理；訂立合同的年、月、日。

②特約條款。特約條款是指在基本條款以外，由投保人與保險人根據實際需要而協商約定的其他權利與義務。特約條款，有廣義與狹義之分。廣義的特約條款包括保證條款、附加條款兩種類型；狹義的特約條款僅指保證條款。

保證條款。保證條款是指投保人、被保險人就特定事項擔保某種行為或事實的真實性的條款。該類條款由於其內容具有保證性質而得名。

附加條款。附加條款是當事人在合同的基本條款的基礎上約定的補充條款。它增

加或限制雙方的權利與義務，是對基本條款的修改或變更，效力優於基本條款。通常採取在保險單上加批註或批單的方式使之成為合同的一部分。

(3) 人身保險合同的基本內容

各類人身保險合同的內容，根據險種的不同而不盡相同，但大多包括以下四個部分：主體、客體、權利與義務以及其他聲明事項。

①主體部分。人身保險合同的主體部分主要包括保險人、投保人、被保險人、受益人的名稱及其住所，對於有多個受益人的，需標出受益順序及份額。主體部分內容是人身保險合同的基本條款，其法律意義在於：明確人身保險合同的當事人、關係人、確定合同權利與義務的享有者和承擔者；明確人身保險合同的履行地點，並確定合同糾紛的訴訟管轄。

②客體部分。人身保險合同的客體部分即在合同中明確保險利益的部分。保險標的是保險的對象，是保險利益的載體。確定保險標的的條款是人身保險合同的基本條款。對保險標的的明確，有利於確定人身保險合同的種類，明確保險人承擔責任的範圍，判斷投保人是否具有保險利益，確定保險價值及賠償數額。在人身保險合同中應詳細記錄被保險人的健康狀況、性別、年齡、職業、居住地及其與投保人之間的親屬或利益關係等，這些都是確定其危險程度和保險利益的重要依據。

③權利與義務部分。這部分通常包括保險責任、除外責任、保險費及其支付方式、保險金賠償或給付方式、保險期限和保險責任開始時間等。

保險責任。保險責任是指保險合同約定的保險事故發生後，保險人所應承擔的保險金賠付責任。

除外責任。除外責任又叫責任免除，是指在合同中列明的保險人不予承擔的保險賠償與保險金給付責任。它是對保險責任的限制。除外責任的明示，進一步明確了保險責任的範圍。由此可見，保險公司應承擔的保險責任範圍是由保險責任和責任免除兩部分的內容來共同確定的。

保險費及其支付方式。保險費是投保人為取得保險保障而需按合同約定向保險人支付的費用。保險費的支付方式多種多樣，依據合同種類的不同而不同。有躉繳、分期交付、一次交付分期結算、分期結算等多種方式。在人身保險合同中，投保人保險費的支付是合同生效的條件。在合同中規定該內容在於明確投保人所承擔的基本義務和履行義務的方式及期限。

保險金賠償或給付方式。該內容的約定有利於明確保險人義務履行的方式。在補償性人身保險合同中，保險金的賠付按規定的方式計算賠償金額。在給付性人身保險合同中，保險金額按約定保險金額給付。

保險期限和保險責任開始時間。這是指保險人為被保險人提供保險保障的起止期間。在此期間內合同有效，保險人承擔保險責任。保險期限長短依據合同種類及投保人需求的不同而不同，長的可達幾十年，短的可以按分鐘計算。保險責任的開始時間，由合同雙方約定，通常以年、月、日、時在合同中標示。中國的保險實務是以開始承擔保險責任之日的零時為具體開始時間的，即「零時起保」。

④其他聲明事項。在人身保險合同中，還有一些需要聲明的事項，如合同訂立的

準確時間、投保人是否曾有被拒保及是否得到過賠款等保險記錄等。此外，人身保險合同中還有合同失效、失權、追償配合、爭議及處理、解除、退費等約定。

3.3 人身保險合同的常見條款

3.3.1 有關保險人責任的常見條款

（1）不可抗辯條款

不可抗辯條款又稱不可爭辯條款，其內容是：在被保險人生存期間，從人身保險合同訂立之日起滿2年後，除非投保人停止繳納續期保險費，保險人將不得以投保人在投保時的誤告、漏告和隱瞞事實等為由，主張合同無效或拒絕給付保險金。合同訂立的前兩年為可抗辯期。

在中國目前的人身保險合同中，一般不列入不可爭辯條款，但在《保險法》條文中有這種思想的體現，因而在工作實踐中一般按不可爭辯條款的原則掌握。《保險法》第三十二條規定：「投保人申報的被保險人年齡不真實，並且其真實年齡不符合合同約定的年齡限制的，保險人可以解除合同，並按照合同約定退還保險單的現金價值。」

（2）年齡誤告條款

《保險法》第三十二條規定：「投保人申報的被保險人年齡不真實，致使投保人支付的保險費少於應付保險費的，保險人有權更正並要求投保人補交保險費，或者在給付保險金時按照實付保險費與應付保險費的比例支付。投保人申報的被保險人年齡不真實，致使投保人支付保險費多於應付保險費的，保險人應當將多收的保險費退還投保人。」如果實際年齡已超過可以承保的年齡限度，保險合同無效，保險人應將已收保險費無息退還，但需要在可爭辯期間之內完成。

（3）自殺條款

自殺條款是包括死亡給付責任的壽險合同中列示的保險人的免責條款。《保險法》第四十四條規定：「以被保險人死亡為給付保險金條件的合同，自合同成立或者合同效力恢復之日起二年內，被保險人自殺的，保險人不承擔給付保險金的責任，但被保險人自殺時為無民事行為能力人的除外。」

（4）保費自動墊繳條款

該條款通常規定，投保人按期繳納保費滿一定時期以後，因故未能在寬限期內繳付保險費時，保險人可以把保單的現金價值作為借款，自動墊繳投保人所欠保費，使保單繼續有效。其前提是，保單具有的現金價值足夠繳付所欠保費，而且投保人沒有反對的聲明。如果第一次墊繳後，再次出現保費未在規定期間繳付的情況，墊繳繼續進行，直至累計的貸款本息達到保單的現金價值為止。此後，若投保人仍不繳納保費，保單將失效。在墊付保險費期間發生保險事故時，保險人給付保險金時應從中扣除保險費的本息。

(5) 戰爭除外條款

戰爭除外條款規定將戰爭和軍事行動作為人身保險的除外責任。該條款是保險人的免責條款。

3.3.2 有關保單持有人權益的常見條款

(1) 所有權條款

所有權條款規定了保單的所有權歸屬、保單所有人的權利等。保單所有人擁有的權利通常有：變更受益人；領取退保金；領取保單紅利；以保單作為抵押進行借款；在保單現金價值的一定限額內申請貸款；放棄或出售保單的一項或多項權利；指定新的所有人等。

(2) 寬限期條款

在人身保險中，寬限期一般為30天或60天，自應繳納保險費之日起計算。寬限期條款是分期繳費的壽險合同中關於在寬限期內保險合同不因投保人延遲繳費而失效的規定。其基本內容是：當投保人未按時繳納第二期及以後各期的保費時，給投保人30天或60天的寬限期限。在此期間，保險合同仍然有效，如發生保險事故，保險人照常給付保險金，但要從保險金中扣除所欠的保險費。

(3) 復效條款

這一條款允許投保人在壽險合同因逾期繳費失效後2年內向保險人申請復效，經保險人審查同意，投保人補繳失效期間的保險費及利息，保險合同即恢復效力。保險合同復效後，對於失效期間發生的保險事故，保險人不予負責。

(4) 保單貸款條款

保單貸款條款允許投保人在壽險合同生效1年或2年後，以保單為抵押向保險人申請貸款，金額以低於該保單項下累積的責任準備金或退保金（也稱保單的現金價值）為限，投保人應按期歸還貸款本息。如果此前發生了保險事故或退保，保險人從保險金或退保金中扣還貸款本息。當貸款本息達到責任準備金或退保金數額時，保險合同即告終止。貸款條款多見於生死合險或終身壽險合同中。

(5) 保單轉讓條款

一般認為，只要不是出於不道德或非法的考慮，在不侵犯受益人的權利的情況下，保單可以轉讓。對於不可變更的受益人，未經受益人同意保單不能轉讓。通常情況下，將保單所有權完全轉讓給一個新的所有人的轉讓方式稱為絕對轉讓。絕對轉讓時要求被保險人必須生存健在。在絕對轉讓狀態下，如果被保險人死亡，全部保險金將給付受讓人而不是原受益人。抵押轉讓是另一種轉讓類型，是把一份具有現金價值的保單作為被保險人的信用擔保或貸款的抵押品，受讓人得到保單的部分權利。在抵押轉讓狀態下，如果被保險人死亡，受讓人得到的是已轉讓權益的那部分保險金，其餘的仍然歸受益人所有。在轉讓保單時，保單所有人應書面通知保險人，由保險人加註或加批單生效。

(6) 受益人條款

受益人條款一般包括兩方面的內容：一是明確規定受益人；二是明確規定受益人

是否可以更換。

投保人或被保險人在訂立合同時約定的受益人為原始受益人,當被保險人死亡時,其有權領取保險金。當原始受益人先於被保險人死亡,投保人或被保險人再次確定的受益人為後繼受益人。若投保人或被保險人沒有指定受益人,或者受益人先於被保險人死亡而無其他受益人的,或者受益人依法喪失受益權或者放棄受益權而無其他受益人的,當被保險人死亡後,保險金一般將作為遺產,由保險人向被保險人的繼承人履行給付保險金的義務。

除指定受益人外,保單所有人或被保險人有變更受益人的權利。若變更受益人需徵得受益人的同意,該受益人為不可變更受益人;若無須徵求受益人同意便可變更受益人的,則該受益人為可變更受益人。

(7) 共同災難條款

共同災難條款是為確定在發生被保險人與受益人同時遇難事件時保險金的歸屬問題的條款。該條款規定,只要第一受益人與被保險人同時死於一次事故中,如果不能證明誰先死,則推定第一受益人先死。由此,若合同中有第二受益人,保險金由第二受益人領取;若無其他受益人,則保險金作為被保險人的遺產處理。

3.3.3 有關保單選擇權的常見條款

美國、日本等國家的壽險保單大多提供各種選擇條款,以滿足投保人的不同需要。解約退保時有不喪失價值選擇權 (Non-Forfeiture Options);領取紅利時有紅利選擇權 (Dividend Options);受領保險金時有保險金給付選擇權 (Settlement Options)。這些在壽險理論中合稱保單選擇權 (Policy Options)。

(1) 不喪失價值選擇權條款

不喪失價值選擇權條款又稱不沒收條款,是指當投保人無力或不願意繼續繳納保費維持合同效力時,由其選擇如何處理保單項下積存的責任準備金。責任保險金可以作為退保金以現金返還,也可以作為躉繳保險費將原保險單改為繳清保險單或展期保險單。顯然,這一條款也只適用於分期繳費的保單。

(2) 紅利選擇權條款

在分紅保險中,其所涉及的紅利有兩種。當壽險經營有盈餘時,此項盈餘歸投保人與股東們共同分享。作為公司出資人的股東有權獲得分紅,這部分紅利稱為股東紅利,而分給投保人的那部分紅利通常稱作保單紅利。這裡的紅利選擇權指的是保單紅利部分。一般紅利選擇權的內容有如下幾種方式:領取現款;以紅利額作為抵免費用以調整下一期的保險費;存在保險公司,以公司的保證利率累積生息;作為躉繳保費購買增額繳清保險,使得保險金額年年遞增,同時也提高保單的現金價值;獲得一年定期保險選擇權,並可以在以紅利的一部分行使此權利後,餘下部分做其他選擇。

(3) 保險金給付選擇權條款

給付選擇方法除一次性領取現款外還包括以下幾種方式:利息選擇,即受益人將保險金存於保險公司,定期獲得保證利率利息,也可以隨時提取本金;固定期間選擇,即由受益人選定期間,以分期支付的方式給付;固定金額選擇,即按受益人確定的某

一金額給付，直至本息用盡為止；終身年金選擇，即於受益人的預測終身期間按期支付年金，這種給付方式與受益人的死亡率等因素有密切關係。此外，還有許多其他的方便受益人的選擇方式。

3.4 人身保險合同的訂立與履行

3.4.1 人身保險合同的訂立

人身保險合同的訂立是投保人與保險人之間基於意思表示一致而進行的法律行為。《保險法》規定，投保人提出保險要求，經保險人同意承保並就合同的條款達成協議，人身保險合同即成立。因此，人身保險合同的成立，經過投保人提出保險要求和保險人同意承保兩個階段。這就是人身保險合同的要約和承諾兩個程序。

（1）人身保險合同的訂立程序

①要約。要約又稱「訂約提議」，是一方當事人向另一方當事人提出訂立合同建議的法律行為，是簽訂人身保險合同的一個重要程序。提出要約的人稱為要約人。一個有效的要約應具備合同主要內容、明確表示訂約願望、在其有效期內對要約人具有約束力三個條件。

②承諾。承諾又稱「接受訂約提議」，是承諾人向要約人表示同意與其締結合同的意思表示。做出承諾的人稱為承諾人或受約人。承諾滿足下列條件時有效：一是承諾不能附帶任何條件，是無條件的；二是承諾須由受約人本人或其合法代理人做出；三是承諾須在要約的有效期內做出。

（2）人身保險合同的成立與生效

人身保險合同的成立是指投保人與保險人就人身保險合同條款達成協議，即經過要約人的要約和被要約人的承諾，即告成立。人身保險合同的生效是指人身保險合同對當事人雙方產生約束力，即合同條款產生法律效力。一般而言，保險合同生效，就意味著保險人開始按照保險合同的規定承擔保險責任。在一般情況下，投保人繳付保險費後，已訂立的人身保險合同即開始生效。當然，投保人與保險人也可在人身保險合同中約定，人身保險合同一經成立就發生法律效力。此時，人身保險合同成立即生效。

3.4.2 人身保險合同的履行

合同履行是指合同的當事人按照約定全面履行自己的義務。按照一般的定義而言，合同的義務包括給付義務和附隨義務。合同履行應該遵守全面履行原則、誠實信用原則、協作履行原則和同時履行原則。

（1）人身保險合同的履行

人身保險合同的履行也就是當事人之間的義務的履行，主要包括投保人義務的履行、保險人義務的履行等。

①投保人義務的履行。投保人在合同的履行過程中，應履行如實告知義務、支付保險費義務、出險通知義務、提供單證義務等。

②保險人義務的履行。保險人在合同履行過程中的義務主要包括承擔保險責任，向投保人說明條款，及時簽發保險單證，在合同解除或者合同無效時退還保險費或者保險單的現金價值，為投保人等其他人身保險合同的主體保密，等等。

（2）人身保險合同的變更與轉讓

已訂立的合同在履行過程中，可能會由於某些情況的變化而需對其進行補充或修改。人身保險合同的變更就是指在人身保險合同有效期內當事人依法對合同內容所做的修改或補充。人身保險合同內容的變更或修改，均須經保險人審批同意，並出立批單或進行批註。人身保險合同的內容的變更表現為合同條款的修改。變更人身保險合同的結果是在雙方當事人之間產生新的權利和義務關係。

①人身保險合同主體的變更。人身保險合同主體的變更大多是由保險標的的權利發生轉移而引起的，因而，合同主體的變更實際是合同的轉讓。人身保險合同的轉讓不改變合同的權利和義務以及合同的客體。

在人身保險合同中，作為保險人的一方是不允許變更的。投保人只能選擇退保來變更保險人。而其他的合同主體如被保險人、投保人的變更，經保險人同意是允許的。

②人身保險合同客體的變更。人身保險合同客體的變更主要是指保險標的的種類、數量的變化而導致保險標的的價值發生增減變化，引起保險利益變化，從而需要變更客體以獲得足夠的保險保障。人身保險合同客體的變更，也需經保險人同意加批後才能生效。

③人身保險合同內容的變更。保險主體不變時，保險合同內容的變更，主要是指主體權利和義務的變更，即合同條款的變更，如被保險人的地址的變化，保險標的的數量、品種、價值、存放地點的變化，保險期限、保險金額的變更，保險責任範圍的變化，等等。

人身保險合同中任何一方當事人都有變更合同內容的權利，同時也有與對方共同協商的義務。因此，需要變更合同內容時，投保人先要提出變更申請，並經保險人審批同意、簽發批單或對原保險單進行批註，這樣，變更才產生法律效力。在人身保險合同中，被保險人職業、保險金額發生變化等都可認為是人身保險合同內容的變更。保險責任的變更，通常是通過增加壽險附加險來進行的。

④人身保險合同變更的程序。人身保險合同的內容變更通常要求經過下列主要程序：首先，由投保人向保險人提出變更申請，告知有關人身保險合同變更的情況。其次，保險人對變更申請進行審核，若需增加保險費，則投保人應按規定補交；若需減少保險費，則投保人可向保險人提出要求。無論保險費是增加、減少還是不變，均要求當事人取得一致意見。最後，保險人若同意變更，則簽發批單或附加條款；若拒絕變更，保險人也需通知投保人。

（3）人身保險合同的中止與復效

人身保險合同的中止，是指在人身保險合同存續期間內，由於某種原因而使人身保險合同的效力處於暫時停止的狀態。對於在合同中止期間發生的保險事故，保險人

不承擔賠付責任。

人身保險合同的中止，在人壽保險中最為突出。人壽保險的責任起訖期限較長，由數年至數十年不等，故其保險費的繳付大部分不是躉繳，而是分期繳納。如果投保人在約定的保費繳付時間內沒有按時繳付保險費，且在寬限期內仍未繳納的，人身保險合同中止。根據有關規定，被中止的人身保險合同可以在合同中止後的2年內申請復效，同時應補交保險費及其利息。復效後的合同與原人身保險合同具有同樣的效力，可繼續履行。被中止的人身保險合同也可能因投保人不再申請復效，或保險人不能接受已發生變化的保險標的，如被保險人在合同中止期間患有保險人不能承保的疾病而不再有效。

(4) 人身保險合同的終止

人身保險合同的終止是指在保險期限內，某種法定或約定事由的出現，致使人身保險合同當事人雙方的權利與義務關係的消滅。

人身保險合同終止的原因可分為兩類：自然終止與提前終止。自然終止是指發生下列情形時，無需當事人行使終止權的意思表示，人身保險合同的效力自然歸於終止：①保險期限屆滿；②人身保險合同履行完畢；③人身保險合同中被保險人死亡。

提前終止是由於當事人的意思表示而使合同效力終止，即合同的解除。合同的解除分為法定解除和協議解除。協議解除是指雙方當事人通過協商達成一致，在不損害國家、公共利益時終止合同的行為。法定解除是指按法律規定可以進行的合同解除。在下列情形中，保險人可解除合同：①投保人因未能如期繳納保險費而被中止合同，在隨後的2年內不申請復效的。②危險增加時投保人或被保險人未履行危險增加通知義務。③投保人未履行維護標的安全的義務。④投保人未能履行如實告知義務，足以影響保險人決定是否承保或以何種價格承保的。⑤投保人或被保險人、受益人謊稱發生保險事故或故意製造保險事故。

習題

1. 人身保險合同中，由被保險人或投保人指定的享有保險金請求權的人是（　　）。

　　A. 受益人　　　　　　　　B. 保險經紀人
　　C. 保險人　　　　　　　　D. 被保險人

2. 以死亡為給付條件的合同，須經（　　）書面同意，否則合同無效。

　　A. 投保人　　　　　　　　B. 受益人
　　C. 被保險人　　　　　　　D. 保險當事人

3. 甲為自己投保一份人壽保險，指定其妻為受益人。甲有一子4歲，甲母50歲且自己單獨生活。某日，甲因交通事故身亡，保險金應（　　）。

　　A. 作為遺產由甲妻、甲子、甲母共同繼承
　　B. 作為遺產由甲妻繼承
　　C. 作為遺產由甲妻、甲子繼承

D. 支付給甲妻

4. 丈夫為妻子投保一份死亡保險，5年後離婚，則離婚後保險合同的效力是（　　）。

    A. 立即失效　　　　　　　　B. 自動解除

    C. 繼續有效　　　　　　　　D. 中止效力

5. （　　）條款規定，在保單生效一定時期（通常是2年）後，保險人不能以投保人在投保時違反最大誠信原則等為理由，否定保單的有效性。

    A. 不可抗辯　　　　　　　　B. 年齡誤告

    C. 不喪失價值選擇權　　　　D. 復效

6. 復效條款只適用於因投保人欠繳保費而引起的（　　）保單。

    A. 終止　　　　　　　　　　B. 中止

    C. 解除　　　　　　　　　　D. 解約

7. 簡述不可抗辯條款和年齡誤告條款的內容。

8. 簡述復效條款和不喪失價值選擇權條款的內容。

9. 簡述保單貸款條款和保單轉讓條款的內容。

10. 發生人身保險合同糾紛時應如何處理？

答案：1. A　2. C　3. D　4. C　5. A　6. B

4 人壽保險

4.1 人壽保險概述

4.1.1 人壽保險的概念

人壽保險（Life Insurance），簡稱壽險，是以被保險人的生命作為保險標的，以被保險人的生存或死亡作為保險事故，且在保險期內發生保險事故時，保險人依照保險合同給付一定保險金額的一種人身保險形式。人壽保險是人身保險中最基本、最主要的組成部分，被保險人在保險期內死亡或期滿生存，都可以作為保險事故，即當被保險人在保險期內死亡或達到保險合同約定的年齡、期限時，保險人按照保險合同約定給付死亡保險金或期滿生存保險金。

4.1.2 人壽保險的特徵

人壽保險是人身保險業務中的重要組成部分，具備人身保險的一般特徵，如保險標的的風險不可估價、保險金額的定額給付、保險利益只是合同訂立的前提而非效力條件等。與此同時，它還具有許多自身的特點。

(1) 生命風險相對穩定

人壽保險所面對的人身危險是人的生存或死亡。雖然「人終究是要死的」，但是死亡何時發生、生命可以延續多久卻具有很大的不確定性。通過長期的保險實踐，運用科學的數學、統計學方法，我們發現，人壽保險所承擔的風險與被保險人的年齡密切相關，每一年齡都有著較穩定的死亡概率，並且這種死亡概率隨著年齡的增長顯現出規律性的變化。與其他保險相比，人壽保險在風險處理方面，尤其是在預測保險事故發生的可能性上更加準確，因為根據生命表預計人的壽命長短和死亡率的大小與人們的實際壽命長短及死亡發生概率非常接近。這不僅表明人壽保險所承保的危險事故的發生相當穩定，而且也決定了人壽保險業務經營的穩定性。

(2) 以長期性業務為主體

與人身意外傷害保險等不同，人壽保險的保險期限一般較長，保險期限在5年以下的人壽保險險種較少，大多數險種的保險期限為十幾年甚至幾十年。

人壽保險期限較長的原因在於：①「均衡保險費」方法的採用。②大多數生存保險是被保險人用於年老時養老之用的。被保險人在身體健康、符合投保條件時投保較長期限的人壽保險，就能夠獲得較為穩定的人壽保險的保障。

也正因為人壽保險單大多是長期保險合同,所以無論對被保險人還是對保險人而言,利率、通貨膨脹率等經濟因素的影響都是十分顯著的。

(3) 具有儲蓄的性質

儲蓄具有返還性和收益性,表現在存款人經過一段時間以後,可以收回存款本金,同時還可以獲得對這段時間放棄資金使用權的補償——利息收入。人壽保險制度也有著與儲蓄相類似的利息返還的情形。

人壽保險根據實際需要大多採用「均衡保險費」的方法收取保險費。在投保初期,實繳保險費勢必高於根據生命表等計算得到的危險保險費,超出的部分由保險人代為保管,通過對保險基金的投資運作生息增值,用於以後危險發生時的保險金給付或直接彌補投保後期均衡保險費的不足,這部分保險費稱為儲蓄保險費。保險人一般都將儲蓄保險費和利息、分紅提存起來形成責任準備金。

此外,對於人壽保險業務,無論被保險人生存至保險期滿,還是在保險期內死亡,保險人都要給付保險金。這一點以兩全保險最為突出,因為在這裡,生存與死亡都被視作保險事故的發生,所以對於兩全保險而言,保險事故是註定要發生的,因而資金返還投保人也是註定的。

(4) 保險費確定的方式

人壽保險由於其所承保危險的特殊性,形成了保險費的計算和責任準備金確定上的一整套科學的、完備的體系。人壽保險依據被保險人投保期間生存與死亡的概率,結合其在簽訂合同時的年齡、經濟狀況、健康狀況等基本要素,以及投保期限、保證利率等多種因素,經過經驗的測算以及數學、統計學方法的運用,來確定保險費及責任準備金。這種確定方式有著比較科學的計算過程和可靠的統計資料,又有多年保險實踐的經驗,因而科學的成分更大,預測的準確性也比較高。但是,由於計算系統比較複雜,對壽險精算的專業技能要求較高,從而對人壽保險的從業人員素質有新的要求。

4.2 傳統人壽保險

4.2.1 死亡保險

(1) 定期死亡保險

定期死亡保險是在合同約定期限內被保險人發生死亡事故,由保險人一次性給付保險金的一種人壽保險,也稱定期壽險。如果被保險人在保險期間未發生死亡事故,則到期合同終止,保險人不給付保險金。

定期壽險通常具有以下特點:

①保險期限一定。其保險期限可以為 5 年、10 年、15 年、20 年或 25 年不等。有的以達到特定年齡(如 65 歲、70 歲)為保險期滿,也有的應保戶要求而提供短於 1 年的定期保險。

②保險費不退還。如果保險期滿，被保險人仍生存，則保險人不承擔給付責任，同時不退還投保人已繳納的保險費。因為生存者在保險期內所支付的保險費及保險費所產生的投資收入已作為死亡保險金的一部分，由保險公司支付給了死亡者的受益人。

③名義保險費一般比較低廉。在相同保險金額、相同投保條件下其保險費低於任何一種人壽保險。這是定期壽險的最大優點。因為死亡保險提供的完全是危險保障，1年定期保險的純保費就是根據被保險人死亡概率計算而來的危險保險費，沒有儲蓄的性質。如被保險人生存，則其繳納的保費及其利息可以用於分攤死亡者的保險金。

④定期壽險的低價和高保障，易產生逆向選擇和道德風險。

（2）終身死亡保險

終身死亡保險是一種不定期的死亡保險，簡稱終身壽險，是被保險人在投保之後無論何時死亡，保險人均依照合同給付保險金的一種保險。

終身壽險有以下的特點：一是該險種沒有確定的保險期限，自保險合同生效之日起至被保險人死亡為止，無論被保險人何時死亡，保險人均須按照合同約定給付死亡保險金。二是幾乎所有的終身壽險都基於生命表所假設的100歲為人的生命極限，因此，保險費的計算也按照最高年齡100歲來確定，即終身壽險相當於保險期限截至被保險人100周歲的定期壽險。當被保險人生存至100歲時，從保險人的角度看相當於定期壽險到期，被保險人被視為死亡，保險人給付全部保險金。三是終身壽險的保險費中含有儲蓄成分，保單生效一定時期後具有現金價值，若保單持有人中途退保可獲得一定數額的退保金。

根據終身壽險繳費方式的不同，可將其分為普通終身壽險和特種終身壽險。

①普通終身壽險。普通終身壽險，又稱終身繳費的終身壽險（Continuous Premium Whole Life），其特點是：

第一，投保人終身繳納保險費，即繳費期等於保險期。

第二，以低廉的保險費獲取較高的保障。

②特種終身壽險。特種終身壽險也稱限期繳費的終身壽險，按繳費的不同方式可以劃分為躉繳終身壽險和限期繳費終身壽險。

躉繳終身壽險（Single Premium Whole Life）即投保時一次性繳清全部保險費。一次性繳納終身保險費，可以避免停繳保費保單失效的情況發生。但是，因為一次性繳納的金額較大，所以選擇此繳費方式的人較少。

限期繳費終身壽險（Limited Payment Whole Life），即限定繳費期限為5年、10年，或是直至60歲、65歲。在同一保險金額下，繳費期限越長，投保人每期應繳的保險費就越少；反之，投保人每期應繳保險費就越多。

顯而易見，普通終身壽險可以提供最大的死亡保障，對那些需要長期保障的人最為適合，但這種壽險保單的現金、價值較其他險種低，而且要求一直連續繳費，對於臨時喪失繳費能力的人而言是一個不足。限期繳費終身壽險適合那些需要長期死亡保障，但有保證的收入只集中於某個期間之內的投保人，對於那些只需要死亡保障而不需要儲蓄的人而言不是最佳選擇。躉繳終身壽險對偏重儲蓄的人吸引力較大，在一些國家購買躉繳終身壽險還可以抵消遺產稅。

此外，終身壽險還包括保險費不確定的終身壽險和利率敏感型終身壽險。

保險費不確定的終身壽險是部分保險人為與分紅終身壽險競爭而設立的非分紅形式的險種。保險人設定投保人繳納保費的上限，根據保險人的業務經營狀況調整投保人繳納的保費。

利率敏感型終身壽險通過對當前的投資收益和死亡率狀況的分析，調整投保人需繳納的保險費或死亡給付金額或保單的現金價值來體現利率的變化。若保險費調整後低於前期保費，投保人可以有如下選擇：一是按新的標準支付保險費，保險金額不變；二是按原有標準支付保險費，保險金額不變，保費差額存入累積基金，增大保單的現金價值；三是按原有的標準支付保險費，若被保險人仍具有可保性，保險費差額用於增加保險金額。若保險費調整後高於前期保險費，投保人可選擇下列方式之一：按新標準支付，保額不變；按舊標準支付，保額降低；按舊標準支付，保額不變，用保單的現金價值彌補保險費差額。

4.2.2 生存保險

生存保險，是以被保險人在保險期滿或達到某一年齡時仍然生存為給付條件，並一次性給付保險金的保險。只要被保險人生存到約定的時間，保險人就給付保險金。若在此期間被保險人死亡，則被保險人不能得到保險金，且所繳保費不予退還。

生存保險的特點主要有：

①保險期間內被保險人死亡視為未發生保險事故，保險人不負保險責任，也不退回已繳納的保險費。因此，保險公司依照合同給付生存者的保險金，不僅包括其本人所繳納的保費及其衍生利息，而且包括保險期內死亡者所繳納的保險費及衍生利息。

②投保人投保生存保險的主要目的，是在一定時間之後被保險人可以領取一筆保險金，以滿足生活等方面的需要。例如，為年幼的子女投保子女教育保險，可以使其在讀大學時有一筆教育基金。

③生存保險是為保障被保險人今後的生活或工作有一筆基金，以滿足未來消費開支，類似於一種儲蓄。

4.2.3 兩全保險

(1) 兩全保險的概念及其特點

兩全保險就是我們常說的生死合險或是儲蓄壽險、養老保險，是指無論被保險人在保險期內死亡還是生存至保險期滿，都能獲得保險人的保險金給付的保險。它是死亡保險與生存保險的結合，既為被保險人提供死亡保障，又提供生存保障。被保險人在保險有效期內死亡時，保險人給付受益人約定數額的死亡保險金；若被保險人生存至保險期滿，則被保險人得到約定數額的生存保險金。因此，兩全保險具有下列特點：

①被保險人無論是生還是死都可以得到保險人的給付。兩全保險是死亡保險和生存保險的結合。

②兩全保險的每張保單的保險金給付都是必然的，故而其保險費率較高。

③兩全保險具有儲蓄性質。無論被保險人是生存還是死亡，保險人都要支付保險

金，因此兩全保險具有儲蓄性質。其保單具有現金價值，保單所有人享有各種其保單的現金價值帶來的權益。

兩全保險的保險期限可以設定為一定年限，如 5 年、10 年、20 年等，也可以約定被保險人達到某一年齡時為限，如 60 歲、70 歲等。

（2）兩全保險的業務種類

兩全保險主要有以下業務種類：

①普通兩全保險。此類保險的死亡保險金與生存保險金是相同的，即無論被保險人在保險期內是生存還是死亡，都會得到相同數額的保險金。

②養老附加兩全保險。它是為被保險人家人考慮的。被保險人如果生存至保險期滿，能得到約定數額的保險金；被保險人如果在保險期內死亡，則將得到約定數額的幾倍至幾十倍的保險金。這使得被保險人死後，其家屬仍能獲得必要的生存費用。

③聯合兩全保險。它是由幾個人共同投保的兩全保險。在保險期內，如果被保險人中的任何一人死亡，其餘人將得到全部保險金，保單終止；如果無任何人死亡，則在保險期滿時，由全體被保險人共同領取保險金。這種保險多適用於夫妻投保。

4.2.4　壽險附加險

附加險又被稱為附加特約，在人身保險合同中以附加條款形式出現。人壽保險單經常通過附加條款的形式擴展其對被保險人的保險保障範圍。保單附加條款使被保險人無須簽訂新的合同就可得到附加的多重保障。因此，這些附加條款能夠使被保險人或保單所有人得到更多的利益。

（1）保證可保性附加特約

保證可保性附加特約又稱保證加保選擇權附加特約，即保單所有人或投保人無須提供新的可保性證明，就可以在規定時間內重新購買一份一定保額的與原來相同保險責任的保險。該特約保證了被保險人具有可保性，而無論事實上是否真的具有可保性。

通常，該附加特約規定保單所有人或投保人購買的保險要受一定的限制，如在規定的期限內可購買的保險保額有約定限制、購買時要求有約定事件的發生、對被保險人的年齡有限制等。在實際購買時，保單所有人必須主動購買，否則保單附加特約所規定的權利將會過期失效。

（2）免繳保險費附加特約

免繳保險費附加特約通常規定，如果被保險人在規定的年齡之前，因遭受意外傷害或疾病而完全喪失工作能力，則投保人可以在此繳費期間免繳所有保險費，而保單繼續有效。投保人只需在每次繳費時增加一點保險費，就可以獲得在被保險人喪失工作能力後的保險費免繳優惠。通常，此類附加特約可以附加在任何壽險保單上，但保險費的免繳須視具體的條款而定，如有些附加特約規定該條款只在遭受意外傷害時適用，或只獲得免繳主險保險費的優惠等。

（3）喪失工作能力收入補償附加特約

該附加特約簡稱收入補償附加，是指被保險人如果完全喪失工作能力，將獲得按期給付的每單位保額下一定金額的收入補償保險金。該附加特約在履行時通常還有一

些嚴格的約定，如被保險人必須在某確定的年齡之前完全喪失工作能力，並且有一段較長的等待期等。

（4）意外死亡附加特約

意外死亡附加特約為被保險人由於意外而致死提供額外保障。該部分額外保障通常與主險的保額成比例增長，多數情況下與主險保額相等。因此，它又被稱為雙倍補償附加特約或雙重保障意外死亡保險。意外死亡附加特約一般都會規定許多除外責任及限制，如通常要求被保險人的死亡原因是直接的、獨立於所有其他原因的意外的身體傷害，戰爭、危險運動、非法活動等引起的死亡往往為除外責任，等等。

（5）配偶及子女保險附加特約

該附加特約通常可附加在終身壽險中，為配偶及子女提供壽險保障。但與主險不同的是，該附加特約往往為定期險，保險金額按基本單位計算，並受到保險公司規定限額的約束。例如，附加的配偶及子女的保額為主險保額的一定比例，如1/4或1/5。在該類附加特約中，主險被保險人死亡，子女可免繳附加保費；配偶死亡，可降低保費或增加保額。

（6）生活費用調整附加特約

該附加特約規定，保單的保險金額可以隨著消費價格指數的變化而自動調整。通常情況是，保險人要求在消費價格指數增加一定比例時，保險金額自動增加相同比例，保險費也相應增加相同比例；而消費價格指數降低時，保額不變。

4.3 特種人壽保險

4.3.1 年金保險

（1）年金保險概述

年金保險是指在被保險人生存期間，保險人按照合同約定的金額、方式，在約定的期限內，有規則地、定期地向被保險人給付保險金的保險。年金保險同樣是以被保險人的生存為給付條件的人壽保險，但生存保險金的給付通常採取的是按年度週期給付一定金額的方式，因此，生存保險又被稱為年金保險。

年金保險具有生存保險的特點。只要被保險人生存，被保險人通過年金保險都能在一定時期內定期領取到一筆保險金，達到養老的目的。因此，年金保險又被稱為養老金保險。年金保險的保費有多種繳付方式，但在被保險人領取年金以前，投保人必須繳清所有的保費。其保險金給付週期有年、半年、季度或月等。年金保險較好地解決了老年人的生活問題，各國對年金保險都十分重視。

（2）保險公司在累積期和清償期的給付責任

年金有累積期和清償期。累積期為年金資金累積的時期，而清償期為保險公司向年金受領人給付資金的時間。年金受領人死亡，保險公司的義務則依據死亡是發生在累積期還是清償期而有所不同。

①累積期的給付責任。在年金的累積期，如果年金購買者死亡，則保險公司有義務退還全部或者部分年金。

②清償期的給付責任。經過累積期之後，資金累積到了一定額度。到了開始給付年金的年齡時，保險公司要按照合同的規定，每期給付年金。此時，年金的額度和形態都是固定的。

一般而言，終身年金給付可以分為純終身年金給付和具有退還保費性質的年金給付兩種形態。純終身年金也可以稱為普通終身年金，所提供的年金給付一直到年金受領人死亡為止。一旦年金受領人死亡，保險公司一般不把保險費退還給年金受領人的遺產繼承人或者受益人。

具有退還保費性質的年金包括確定並繼續終身年金、確定分期給付終身年金、分期退費年金和現金退還年金等。確定並繼續終身年金是指不管年金受領人生存或者死亡，都能夠獲得有保證的月給付或者年給付次數。如果受領人生存超過保證期限，則年金的給付將繼續到受領人死亡為止。一般保險合同上規定的年限為 5 年、10 年、15 年或者 20 年。保證期限越長，給付的金額就越少。分期退費年金是指年金受領人死亡時，如果已經領取的年金收入總額少於為領取年金所支付的成本，則年金收入仍將繼續給付受益人，直到領完為止。現金退還年金是指將年金受領人收入總額與領取年金所支付的成本之間的差額以現金的形式一次性地給付受益人。對於相同的保險費，現金退還年金所提供的給付比分期退費年金少，這是因為對於以現金退費的年金，保險公司喪失了所能夠賺取的利息。

4.3.2 簡易人壽保險

所謂簡易人壽保險，通常是指以勞工或工薪階層為對象辦理的月交、半月交或周交，無體檢的低額保險，通常由保險人按時收取保費，一般採取等待期或削減期制度，即被保險人加入保險後，必須經過一定時間之後保單才能生效。如果被保險人在一定期間內死亡，保險人將不負給付責任或者減少給付金額。

4.3.3 團體人壽保險

團體人壽保險是以團體方式投保的定期或終身死亡保險，是團體人身保險的一種重要類型。

團體壽險主要分為兩大類：一是團體定期壽險（Group Term Insurance）。該險種是團體壽險中最早、最普遍也是業務量最大的一種團體壽險，無現金價值，目的是提供早期死亡保險，對保障退休員工生活用處不大；二是團體終身壽險（Group Permanent Insurance），是近年發展起來的，目的在於保障退休職工生活。團體終身壽險因產生較晚，所占市場份額並不高。

團體壽險合同是保險公司與投保團體（即保單持有人）之間的契約協定，並非與被保員工之間的契約。團體壽險的保單由投保團體持有，而被保員工則持有保險證（Certificate of Insurance）作為承保證明。保險證明了每個員工的保險金額、受雇人、雇傭關係終止時被保險人的權利、保單繼續或終止條件以及承保範圍等。但是，保險

證並不是保險契約的一部分，保單持有人也不是保險公司的代理人。保單持有人即投保團體在實務中確有辦理員工投保手續、保費的扣繳、新進員工報告、員工離職退休報告和其他變動報告的責任，但都是以「本人」的身分從事上述工作，並不存在保險代理關係。此處所提及的團體壽險的契約條款都是指正式保單所包括的內容，主要有以下內容：

①有關保單持有人責任的條款，包括生效日期及要保書、保單持有人報告書及稽核、保險費及寬限期間、保單的修改或中止、分紅及抵扣保險費等。

②有關保險證持有人的條款，包括投保資格及個別保險生效日、團體人壽保險給付的受益人、受益人順位條款、保險給付交通條款、死亡給付的轉讓、給付選擇權、員工保險的終止、雇傭關係的終止、換約權利等。

③一般給付條款，如不可爭辯條款等。實務中團體保單通常是以團體壽險為主，附加團體健康險或團體意外傷害險等的混合保單，因此，團體保單出現如其他健康條款的並不奇怪，不像理論上區分得如此分明。

4.4　創新型人壽保險

創新型人壽保險，又稱非傳統型壽險、投資型保險、投資理財類保險等，是保險人為適應新的保險需求、增加產品競爭力而開發的一系列新型的保險產品。創新型壽險產品與傳統壽險產品的不同之處在於，創新型壽險產品通常具有投資功能，或保費、保額可變。創新型壽險產品主要有分紅保險、變額人壽保險、萬能人壽保險、變額萬能人壽保險等。

4.4.1　分紅保險

分紅保險又稱利益分配保險，是指壽險公司按照相對保守的利率收取較高的保費，在每個會計年度結束後，保險公司將上一會計年度經營中取得的一部分盈利，以現金或增值紅利的形式分配給投保人的一種人壽保險。分紅保險最初起源於1776年的英國，在國外已經有了200多年的發展歷史，但在國內卻是近年才剛剛出現的，因此是中國人身保險的新型產品之一。

分紅適應於各種類型的壽險險種，可與定期壽險、終身壽險和兩全保險等結合形成多種分紅保險，因此在國際壽險市場上占據重要地位。在美國，大約80%的壽險保單具有分紅性質；在德國，分紅保險占該國人壽保險市場的85%，在中國香港，這一數字更是高達90%。分紅保險的紅利主要來源於「三差收益」，即死差益、利差益、費差益，此外還有可能取得解約益和資產增值等收益。分紅保險的紅利分配基於公平原則，按保單對公司盈餘的貢獻大小進行分配。

紅利分現金紅利和增值紅利，對現金紅利的處置方式有領取現金、存入保險公司並按一定利率滾動計息、抵繳保險費等；增值紅利則用於增加保險金額。分紅保險的優勢在於形成了客戶與保險公司的利益共同體。客戶不僅享有分紅保險具有的固定的

利率，同時直接參與經營利潤的全面分紅。同時，分紅保險結構簡單，客戶易於理解。但其不足之處在於靈活性較差，分紅保險在產品設計上類似傳統非分紅保險，在保費繳納、保額選擇等方面沒有選擇性，客戶一經確定便無法更改。此外，由於受到固定預定利率的限制，分紅保險的資金運用較為保守，所以利差空間受到了限制。

4.4.2 變額人壽保險

變額人壽保險（Variable Life Insurance）是一種終身壽險，簡稱變額壽險，其保險金額隨其保費分立帳戶中投資基金的投資業績的不同而變化。1976年，變額人壽保險在美國被首次推銷給一般大眾。變額人壽保險在中國也被稱為投資連結保險。

變額人壽保險與傳統壽險相比，通常具有以下特點：第一，其保費的繳納與傳統壽險產品相同，是固定的，但保單的保險金額在保證一個最低限額的條件下卻是可以變動的。變額壽險也是因此而得名的。變額壽險保險金額的變動取決於投保人所選擇的投資分立帳戶的投資效益。第二，變額壽險通常開立有分立帳戶（分立帳戶是美國的叫法，在加拿大叫獨立帳戶，而在中國則叫投資帳戶）。在壽險公司內部，對應於傳統終身壽險的保單責任準備金的資產都要記入保險公司的綜合投資帳戶，為了使這些資金獲得較為穩定的資產回報率，保險公司會將其投資於一系列較為安全的項目；而對應於變額壽險的保單責任準備金的資產，則單獨開立一個分立帳戶或多個不同收益、不同風險特性的分立子帳戶，由投保人或保單所有人自由選擇，由保險公司本身或委託基金公司專業經營。投保人繳納的保費，在減去費用及死亡給付分攤額後被存入選擇的投資分立帳戶。在這類保單的死亡給付中，一部分是保單約定的、固定的最低死亡給付額，還有一部分是其分立帳戶的投資收益額。保險人根據資產運用狀況，對投資分立帳戶的資產組合不斷進行調整；保單所有人也可以至少每年一次地在各種投資產品中自由選擇調整組合。投保人選擇的投資分立帳戶的投資收益高，則保單的現金價值高，死亡保險金即保險金額也高；反之，則保單的現金價值低，死亡保險金即保險金額也低。第三，變額壽險保單的現金價值隨著客戶所選擇投資組合中投資業績的狀況而變動，某一時刻保單的現金價值取決於該時刻其投資組合中投資分立帳戶資產的市場價值。

4.4.3 萬能人壽保險

萬能人壽保險，簡稱萬能壽險，是一種繳費靈活、保險金額可調整的壽險。萬能壽險的最大特點在於其靈活性，該保單的出現是為了滿足保險費支出較低、繳納方式要求靈活的消費者的需求。萬能壽險的保險費繳納方式很靈活，保險金額也可以調整。投保人在繳納了首期保險費後，可以選擇在以後任何時候繳納任意數額的保險費（但有時會有一定的整數要求，如以100元為單位），只要保單的現金價值足以支付保單的各項保險成本和相關費用，保單就持續有效。投保人還可以在具有可保性的前提下，提高保額或降低保額。出於上述特點，萬能壽險可以適應客戶對人壽保險的個性化需求。

萬能壽險的另一個特點是保單運作的透明性。壽險公司向客戶公開組成商品價格

結構的各種因素，每年給客戶一份保單信息狀況表，向客戶說明保險費、保險金額、利息、保險成本、各項費用及保單現金價值的發生數額及變動狀況，從而便於客戶對不同產品進行比較，並監督保險公司的經營狀況。

萬能壽險設有獨立的投資帳戶，個人投資帳戶的價值（即保單的現金價值）有固定的保證利率，但當個人帳戶的實際資產投資回報率高於保證利率時，壽險公司就要與客戶分享高於保證利率部分的收益。

4.4.4 變額萬能人壽保險

變額萬能人壽保險（Universal Variable Life Insurance），簡稱變額萬能壽險，是針對將壽險保單的現金價值視為投資的保單所有人設計的。變額萬能壽險是一種終身壽險，將萬能壽險的繳費靈活性和變額壽險的投資彈性相結合。變額萬能壽險遵循萬能壽險的保費繳納方式，即保單持有人可以在規定期限內自行決定每期保費支付金額，或在具備可保性及符合保單最低保額的條件下，任意選擇降低或調高保額；但其資產由分立帳戶保存，其現金價值的變化與變額壽險相同，且沒有最低投資收益率和本金的保證。換言之，最壞的預計現金價值可能會降至零。因此，在美國，此產品被認為是一種投資證券產品，必須在美國證券交易委員會（SEC）註冊，由有證券經紀商許可證和保險從業資格的代理人銷售。

變額萬能壽險的投資與變額壽險一樣，是多種投資基金的集合。保單所有人可以在一定時期內將其現金價值從一個帳戶轉移到另一個帳戶。但其死亡給付採取的是與萬能壽險相同的方式，可由投保人選擇。

習題

1. 人壽保險是以被保險人的（　　）作為保險事故的人身保險業務。
    A. 生命　　　　　　　　　　B. 意外
    C. 健康　　　　　　　　　　D. 損失
2. 不僅可能得到利息收入，而且還要分享保險人經營成果的人身保險是（　　）。
    A. 長期壽險　　　　　　　　B. 分紅人身保險
    C. 人身意外傷害保險　　　　D. 投資型保險
3. 純保障性、無儲蓄性的險種是（　　）。
    A. 定期壽險　　　　　　　　B. 終身壽險
    C. 生存保險　　　　　　　　D. 兩全保險
4. 中國監管部門所認定的創新型人壽保險包括（　　）。（多選）
    A. 分紅保險　　　　　　　　B. 投資連結保險
    C. 團體壽險　　　　　　　　D. 萬能壽險
    E. 終身壽險
5. 定期壽險的特點包括（　　）。（多選）
    A. 保險期限一定　　　　　　B. 保險費不退還

  C. 名義保險費一般比較低廉   D. 存在較大逆向選擇風險

6. 分紅保險的紅利來源包括（ ）。(多選)

  A. 死差益   B. 費差益

  C. 利差益   D. 退保益

7. 簡述定期壽險的優勢與局限。

8. 比較生存保險和年金保險。

9. 簡述團體壽險費率制定的原則和依據。

10. 簡述萬能壽險和投資連結保險的特點及優劣勢。

答案：1. A 2. B 3. A 4. ABD 5. ABCD 6. ABC

5 人身意外傷害保險

5.1 人身意外傷害保險概述

5.1.1 意外傷害的含義

所謂意外傷害，是指在被保險人沒有預見到或與意願相違的情況下，突然發生的外來侵害對被保險人的身體明顯地、劇烈地造成損傷的客觀事實。意外傷害的構成包括意外和傷害兩個必要條件，缺一不可。我們將在下文詳細論述。

（1）傷害

所謂傷害，是指被保險人身體遭受外來事故的侵害而發生了損失、損傷，使人體完整性遭到破壞或器官組織生理機能遭受阻礙的客觀事實。傷害必須由致害物、侵害對象、侵害發生三個要素構成，缺一不可。

①傷害的分類。按起因劃分，傷害包括：職業上的傷害，即因職業關係或執行工作時發生的傷害，這種傷害是因職業本身的潛在危險造成的，但其發生的時間和後果具有不確定性；日常生活上的傷害，即在工作之餘的日常生活中所遭受的傷害；交通上的傷害，即乘坐各類交通工具所遭受的傷害；運動中的傷害，即專門從事體育活動的運動員或非運動員在體育活動中遭受的傷害；軍事上的傷害，即部隊官兵在執行正常的戰備值勤任務時所遭受的傷害。

按致害物劃分，傷害包括：器械傷害，指使用機械設備、機動車輛、勞動工具、建築材料、凶器等造成的被保險人身體的損傷；自然傷害，指那些自然環境或自然災害對人體的傷害，如氣溫劇變、氣壓過低、強光暴曬、暴風雨、洪水、龍捲風等造成的傷害；化學傷害，指各種酸、鹼、有毒氣體、有毒液體等化工產品或化學藥品、化學武器對人體體表、四肢、神經系統等的傷害；生物傷害，指野獸侵襲、花粉過敏等對人體造成的傷害。

②致害物。致害物是直接造成傷害的物體（物質），是導致傷害的物質基礎。沒有致害物的存在，就不可能構成傷害。意外傷害保險強調的致害物是外來的，即在發生傷害之前存在於被保險人身體之外的物質，與那些在被保險人身體內部形成的內生疾病截然不同。這也正是意外險與健康險的主要區別。

③侵害對象。侵害對象是指遭受致害物侵害的載體，在意外傷害保險中是指被保險人的身體。如果受傷害的不是被保險人的身體，而是姓名權、肖像權、名譽權、榮譽權、著作權等與人身不相聯繫的權利，則不認為構成保險意義上的傷害。所以說，

意外傷害保險所承保的傷害必須是發生在被保險人生理或身體上的，而不是權利等方面的侵害。

④侵害發生。任何傷害都必然導致被保險人身體的一個或若干個具體部位受到損傷，如扭腳、閃腰、骨折等，否則就不構成傷害。如果不是被保險人受到傷害，而是被保險人作為施害者造成第三者受到傷害的，意外險保險人不因此對第三人負保險給付責任，被保險人也無權領取保險金。

經保險理論界和實際工作者的總結，侵害方式可以概括為以下 15 種：碰撞（包括固定物體撞人、運動物體撞人、互撞）；撞擊（包括落下物撞擊、飛來物撞擊）；墜落（包括由高處墜落在平地上、由平地墜落到井、坑洞裡）；跌倒；坍塌；淹溺；灼燙；火災；輻射；爆炸；中毒（包括吸入有毒氣體、皮膚吸收有毒物質、有毒物質進入體內）；觸電；接觸（包括接觸高低溫環境、接觸高低溫物體）；掩埋；傾覆。

（2）意外

所謂意外，是指被保險人主觀上沒有預計到會發生致傷的事故或者雖然預計到災害的發生，但由於各種約束、限制而不得不接受與自己本來的主觀意願——迴避外來侵害——相反的現實結果。歸納起來，對意外險中意外的理解應從以下幾個方面去理解：

①相對被保險人而言是外來的。普通觀念上的意外，是一種純意義上的意外，即傷害的發生是被保險人事先不能預見或無法預見的。意外還包括被保險人主觀過失狀態下發生的意外。

②應該是偶然性事件或突發性事件。偶然性是相對於必然性而言的。在通常情況下不會發生的事件稱為偶然性事件，正因為通常情況下不發生，所以才無法預見。突發性是相對於緩慢發生的事件而言的。傷害是在短時間裡驟然發生的劇烈行為，使得被保險人來不及預見就已經遭受了傷害。

③非被保險人本意，即傷害是違背被保險人的主觀意願的。意外還包括排除社會危害性的行為，如正當防衛、緊急避險、救死扶傷等。在某些情況下，被保險人預見到傷害發生，在技術上也可以採取措施避免但限於法律或職責上的規定不能躲避或是出於道德、公共利益的原因而甘冒危險。

5.1.2　人身意外傷害保險的定義

人身意外傷害保險，簡稱意外傷害保險或意外險，是人身保險中的一種，指在保險合同有效期內，外來的、突發的、非本意的、非疾病的客觀事件（即意外事故）對被保險人身體造成傷害，並以此為直接原因致使被保險人死亡或殘疾時，由保險人按合同規定向被保險人或受益人給付死亡保險金、殘疾保險金或醫療保險金的一種保險。由此定義我們可以看出，意外險保險人承保的危險是意外傷害事故造成的殘疾或死亡。

5.1.3　人身意外傷害保險的特徵

（1）人身意外傷害保險與人壽保險的比較

人身意外傷害保險是以人的生命和身體為保險標的，以各種意外傷害事件為保險

責任的保險，即當被保險人因意外傷害事件而導致傷殘或死亡時，由保險人負責給付保險金的保險。與人壽保險相比，人身意外傷害保險與其不同之處包括：

第一，二者的可保危險不同。人壽保險承保的是人的自然生死，當被保險人期滿生存時由保險人給付養老金、滿期生存金，當被保險人身故時由保險人給付死亡保險金，因此屬於人體新陳代謝的自然規律，與被保險人的年齡有密切關係。而意外險承保的則是外來的、突發的、非本意的、非疾病的客觀事件（意外事故）對被保險人身體造成傷害，並因此而致使被保險人死亡、殘疾。這種危險與被保險人的年齡沒有關係。

第二，人壽保險是純粹的定額給付保險，即當被保險人到期生存或死亡的保險事故發生時，保險人均按保險合同的約定給付保險金，合同同時終止，因此不存在比例給付問題。在意外險中，死亡保險金的給付按合同約定給付，合同同時終止，而殘疾保險金則按保額的一定比例進行支付，當保險金的給付未達到賠償的最高限額時，合同繼續有效。

第三，保險費率確定不同。從理論上說，人壽保險承保的是人的自然生死，而自然死亡率一般認為取決於年齡，其大小可由生命表中查出，因此，人壽保險的純保費的計算依據的是生命表和利息率。而意外傷害保險承保的是意外傷害事件，與性別及年齡的關係不大，而與被保險人的職業、工種、從事的活動或生活環境的危險程度等因素密切相關。意外險的費率是根據過去各種意外傷害事故發生概率的經驗及其對被保險人造成的傷害程度、對被保險人的危險程度等進行分類統計計算而得的，尤其注重職業危險。職業是確定意外傷害保險的保險費率的重要因素。被保險人的職業的危險程度越高，則費率越高。而性別和年齡的差異對意外傷害發生的概率影響較小，故不予考慮。

第四，保險期限不同。人壽保險的期限較長，一般超過 1 年；而意外傷害保險的期限則較短，最多 3 年或 5 年，一般不超過 1 年，短的甚至只有幾十分鐘。而且，由於意外險的保險費率與被保險人的年齡、健康狀況關係不大，保險費不會隨年齡的增長而有大的變化，所以從投保人的角度而言，考慮到貨幣的時間價值，也出於經濟負擔能力的原因，投保人寧可每年續保一次，也不願一次性支付長時期的較大金額的保險費。

第五，人壽保險的年末未到期責任準備金是依據生命表、利息率、被保險人年齡、已保年期、保險金額等因素計算的；而意外傷害險的年末未到期責任準備金是按當年保險費收入的一定百分比（如 40%、50%）計算的。

（2）人身意外傷害保險與財產保險的比較

人身意外傷害保險以人身為保險標的，屬於人身保險的範疇，但其在許多方面與財產保險有著類似之處：

第一，在保險事故的發生方面。人身意外傷害事故的發生是偶然的、意外的、不可預見的，因此人身意外傷害保險與財產保險的保險事故對於某一被保險人來說，其發生都具有偶然性，而且保險事故的發生必然會給被保險人造成各種各樣的損失。

第二，在保險責任方面。人身意外傷害保險強調保險事故的發生是外來原因造成的，而不是被保險人自身的原因導致，強調非故意行為。財產保險也是如此。

第三，在賠款補償性質方面。人身意外傷害保險保障的主要是因意外傷害而致被

保險人死亡或殘疾時所導致的死亡、傷殘給付或醫療費用損失補償。因此，此類險種既具有人壽保險的給付性質（如死亡保險金的給付），又具有財產保險的補償性質（如醫療保險金的支付）。

第四，在保險期限方面。人身意外傷害保險的保險期限一般為1年以內的短期保險，最長不超過5年，這一點與財產保險一致。

第五，在保險費的繳納與確定方面。人身意外傷害保險的保費繳納與財產保險一樣，是一年一繳。另外，人身意外傷害保險的保費與被保險人的年齡無關而與其職業和所從事的活動有關，而財產保險保險費率的高低也與保險標的的性質有關。二者的純保險費都是根據保險金額損失率計算的。

第六，在財務處理方面。因為都是短期保險，財產保險、人身意外傷害保險都提取保險保障基金（長期壽險則無須提取）。二者在責任準備金的計算與提存方面也是一致的，包括賠款準備金和未到期責任準備金，其中，保險期限在1年以下的業務的未到期責任準備金按當期自留保費收入的一定比例提取；對於1年以上的業務，則在年終按業務到期年份歷年累積的保費收入與賠款支出的差額提取準備金，無須累積。而壽險產品中主要是未到期責任準備金需逐年計提、累積。

但是，二者的不同之處也是顯著的。首先，財產保險的保險標的是財產或利益；意外險的保險標的是被保險人的生命或身體。其次，財產保險的保額由標的價值確定；意外險的保額則由雙方協商約定。再次，財產的投保人與被保險人一般是同一主體，既可以是自然人，也可以是法人，需要對標的擁有所有權或合法佔有權，因此不必指定受益人；意外險的投保人與被保險人既可以是同一主體，也可以是兩個不同主體，投保人可以是法人、自然人，被保險人則一定是自然人，並且需要指定受益人。最後，財產保險中的保險人只補償被保險人的損失；意外險即使是按傷害程度的不同而有給付額的差異，但只要達到某一損傷程度，就要給付約定的保險金額。

（3）人身意外傷害保險與人身傷害責任保險的比較

人身意外傷害保險與人身傷害責任保險在字面上雖有相似之處，且都是以發生人身傷亡事故為條件而給付保險金或賠款的保險業務，但二者實質上卻有很大的不同。人身傷害責任保險是責任保險的一種。責任保險的基本內容是：投保人向保險人繳納一定數量的保險費，在保險期限內，如果由於被保險人的疏忽、過失而造成第三人財產遭受損失或人身遭受傷害，依照法律或合同的規定應由被保險人對他人承擔民事賠償責任時，保險人應補償被保險人由此造成的損失。人身傷害責任保險就是承保被保險人造成他人人身傷害而引起民事賠償責任的責任保險。

5.1.4 人身意外傷害保險的分類

（1）按照所保危險的不同分類

按照所保危險的不同，人身意外傷害保險可以劃分為普通意外傷害保險和特定意外傷害保險兩類。

①普通意外傷害保險。它又稱一般意外傷害保險或個人意外傷害保險，所承保的危險是一般的意外傷害。它通常是一種獨立的險種，多採用短期保險的形式，以1年

或不到 1 年為期，根據保險雙方的約定決定保險的內容、保險金額和保險方式。

②特定意外傷害保險。它是以「三個特定」（特定原因、特定時間、特定地點）為約束條件的意外傷害保險，所承保的危險是特定原因造成的意外傷害或特定時間、特定地點遭受的意外傷害。特定意外傷害保險通常需要投保人與保險人特別約定，有時保險人還要求加收保險費。此類保險承保的意外傷害包括戰爭所致意外傷害，從事劇烈體育運動、危險娛樂運動所致意外傷害，等等。

（2）按照保險責任分類

按照保險責任的不同，人身意外傷害保險可以劃分為以下四類。

①意外傷害死亡殘疾保險。它通常簡稱為意外傷害保險。此類保險只保障被保險人因意外傷害所致的死亡和殘疾，滿足被保險人對意外傷害的保險需求。

②意外傷害醫療保險。它是以被保險人因遭受意外傷害需要就醫治療而發生的醫療費用支出為保險金給付條件的人身保險。

③綜合意外傷害保險。此類保險是前兩種保險的綜合。在其保險責任中，既有被保險人因遭受意外傷害身故或殘疾的保險金給付責任，也有因該意外傷害使被保險人在醫院治療花費醫療費用的醫療保險金給付責任。此類保險大多單獨承保。

④意外傷害誤工保險。意外傷害誤工保險是指被保險人因遭受意外傷害暫時喪失勞動能力而無法工作，保險人給付保險金的人身保險。

（3）按照投保方式不同分類

按照投保方式的不同，人身意外傷害保險可劃分為個人意外傷害保險和團體意外傷害保險兩類。

個人意外傷害保險是投保人或被保險人個人購買的保險，一份保單只承保一名被保險人；團體意外傷害保險是以團體方式投保的人身意外傷害保險，其保險責任、給付方式均與個人投保的意外傷害保險相同。由於意外傷害保險的保險費率與被保險人的職業和所從事的活動有關，因此，團體投保意外傷害保險往往比個人投保更為適合。而且意外險保險期限短、保費低而保障高，在雇主需為員工承擔一定事故責任的場合，團體意外險對雇主更為有利。因此，與人壽保險、健康保險相比，人身意外傷害保險最有條件、最適合採用團體投保方式。事實上意外傷害保險的保單中也以團體意外險居多。

團體意外傷害保險的保單效力與個人意外傷害保險的保單有所區別：在團體意外傷害保險中，被保險人一旦脫離投保的團體，保單效力對該被保險人即刻終止，投保團體可以為其辦理退保手續，而保單效力對其他被保險人依然存在。

5.2 人身意外傷害保險的保險責任

5.2.1 保險責任的內容及特徵

（1）保險責任的內容

人身意外傷害保險的保險責任項目包括死亡給付、殘疾給付、醫療費給付等，在

實踐中可以只保其中的一項或幾項。從理論上講，人身意外傷害保險的保險責任還可以包括停工保險給付。但在中國目前的保險實踐中，有關人身意外傷害保險停工保險的規定很少，只有極個別的險種規定了停工保險金。

(2) 保險責任的特徵

人身意外傷害保險與死亡保險、兩全保險雖然都包括死亡保險金的給付責任，但各自具體的保險責任是有區別的：人身意外傷害保險的保險責任是被保險人因遭受意外傷害而導致的殘疾或死亡，不負責因疾病所導致的殘疾或死亡；死亡保險的保險責任則是被保險人因疾病或意外傷害事件所導致的死亡，不負責意外傷害引起的殘疾；而兩全保險的保險責任是被保險人因疾病或意外傷害所致的死亡以及被保險人生存到保險期滿。國內有學者形象地將上述三者之間的關係表示如圖5.1所示。

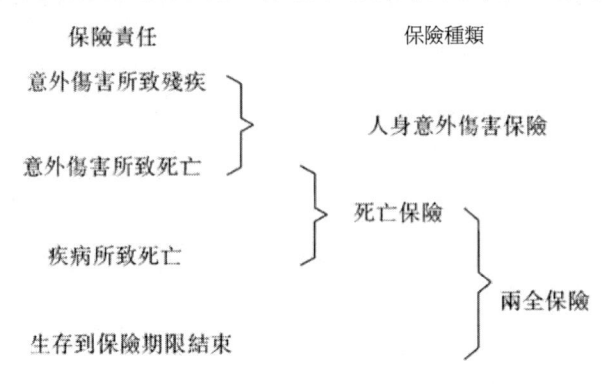

```
保險責任                        保險種類

意外傷害所致殘疾  ⎫
                 ⎬  人身意外傷害保險
意外傷害所致死亡  ⎭⎫
                   ⎬  死亡保險
疾病所致死亡      ⎭⎫
                   ⎬  兩全保險
生存到保險期限結束 ⎭
```

圖5.1　人身意外傷害保險、死亡保險和兩全保險的保險責任

5.2.2　保險責任的判定

人身意外傷害保險的保險責任必須由三個必要條件構成，缺一不可，即被保險人在保險期限內遭受了意外傷害事故；被保險人在責任期限內死亡、殘疾或支付醫療費用；意外傷害是被保險人死亡、殘疾或支付醫療費用的直接原因或近因。

(1) 被保險人遭受意外傷害

所謂傷害，是指被保險人身體遭受外來事故的侵害而發生了損失、損傷的客觀事實；所謂意外，是指被保險人主觀上沒有預計到會發生致傷的事故或者雖然預計到災害的發生，但由於各種約束、限制而不得不接受與自己本來的主觀意願——迴避外來侵害——相反的現實結果。

(2) 被保險人死亡、殘疾或支付醫療費用

被保險人在責任期限內死亡、殘疾或支付醫療費用，是構成人身意外傷害保險的保險責任的必要條件之一。

①被保險人死亡或殘疾。一般情況下，所謂的死亡都是指醫學意義上的生理死亡，即機體生命活動和新陳代謝的終止。人身意外傷害保險殘疾是指意外傷害事故直接造成的被保險人機體損傷、遺留組織器官缺損或功能障礙。在人身意外傷害保險中，若被保險人雖然遭受意外傷害，但是通過治療或自身修復在180天內未遺留組織器官缺

損或功能障礙，則不屬於殘疾。

②保險期限內的意外傷害所致死亡、殘疾或支付醫療費用應發生在責任期限之內。如果被保險人在保險期限內遭受意外傷害，並在責任期限內死亡，顯然構成保險責任，保險人應給付死亡保險金。責任期限對於意外傷害造成的殘疾，實質上是確定殘疾程度的期限。被保險人遭受意外傷害後，往往要經過一段時間的治療才能確定是否造成殘疾以及造成何種程度的殘疾。如果責任期限結束時仍不能確定最終結果，那麼就應該推定責任期限結束這一時點上被保險人的組織殘缺或器官正常機能的喪失是永久性的。在此之後，即使被保險人經治療痊癒或殘疾程度減輕，保險人也不能追回多給付的保險金；反之，即使以後被保險人殘疾程度加重甚至死亡，也不能要求保險人追加保險金。

對於醫療費用支出，也是類似的道理，因為醫療過程往往要持續一段時日，相應的費用支出也會持續發生。但無論是以上哪一種情況，當累積給付保險金額已達到最高限額時，保險責任就會自動終止。

(3) 意外傷害必須是死亡、殘疾或醫療費用支出的直接原因或近因

意外傷害必須是傷害的直接原因或近因，這也是構成人身意外傷害保險承保條件的一個必要條件。只有當意外傷害與死亡、殘疾或醫療費用支出等保險事故存在因果關係時，才屬於承保範圍。具體來講，意外傷害與傷害間存在以下三種聯繫：

①意外傷害是直接原因。意外傷害事故直接造成被保險人死亡、殘疾或就醫治療而增加額外開支。

②意外傷害是近因。意外傷害雖然不是導致被保險人死亡、殘疾、就醫等的直接原因，這一結果卻是引起一連串相關事件的最初原因。

③意外傷害是誘因。意外傷害誘發被保險人原有的疾病發作、惡化，造成被保險人死亡、殘疾或就醫治療。

(4) 保險責任的確認

在實際工作中，保險公司是循著如下這樣一條思路來考察具體事件是否屬於人身意外傷害保險的保險責任的。

①確定被保險人身體有無遭受外來傷害的事實。首先確定是否有傷害的事實存在，即是否有死亡、殘疾或其他需要治療的事件發生，或者身體的健康、健全是否受損，出現異常的行為能力、言談舉止等；如果確定已發生了傷害，就要判明受傷害人是否就是保險契約中所指明的被保險人，該契約是否仍在效力期間內；如果答案是肯定的，就要判別造成傷害的原因是否來自外界，根據「傷害」的定義，只有受到來自外界致害物的侵害並對被保險人的身體造成侵害事實的，才認為構成傷害，否則不屬於人身意外傷害保險保險責任。

②確認被保險人所受傷害是否源自意外。首先推斷是否是被保險人的故意行為，如果不是，再討論傷害能否為被保險人所預測得到，如果無法預測得到，就構成意外傷害；如果可以預見，就分辨是否是被保險人因疏忽而未預見到。若被保險人因疏忽而未預見到傷害，則構成意外傷害；反之，如果被保險人確實可以預見而且也已預料到傷害的發生，就討論被保險人不躲避傷害的原因。如果是因為法律、職責的規定而

不得躲避或是出於道義、公德等高尚的動機甘冒風險而致傷害，則仍視為意外傷害；如果是其他情況則一般不認定為意外傷害。

5.3 人身意外傷害保險的保險金給付

5.3.1 死亡保險金的給付

在人身意外傷害保險合同中，要規定死亡保險金的數額或死亡保險金占保險金額的比重。例如，規定被保險人因意外傷害死亡時給付保險金 3,000 元、5,000 元，或規定給付意外傷害保險金額的 100%、70%、50% 等。

另外，有些人壽保險合同的附加意外傷害保險條款將死亡保險金的給付按行業危險程度做出了規定。如將意外傷害保險金分為特殊保險金和普通保險金兩種，凡從事井下作業、海上作業、航空作業及其他高危險工作的人員適用特殊保險金，其他人員則適用普通保險金。特殊保險金和普通保險金的比例為 1∶2，從而體現了人身保險合同權利和義務的對等原則。

5.3.2 殘疾保險金的給付

在殘疾程度確定後，保險人應根據《人身保險殘疾程度與保險金給付比例表》的規定，按照保險金額及該項殘疾所對應的給付比例給付殘疾保險金。也就是說，在殘疾程度確定以後，計算應給付的殘疾保險金事實上非常簡單，一般數額計算公式為：

殘疾保險金＝保險金額×殘疾程度對應的給付比例

具體來說，在殘疾保險金的給付過程中有很多細小的地方需要注意。

第一，一次傷害，多處致殘。這具體又分兩種情況：一是被保險人因為保險有效期內的一次意外傷害事故導致了身體若干部位致殘，即同時發生殘疾給付標準上兩項或兩項以上的殘疾，並且傷殘屬於同一器官部位，即同時達到一類身體組織殘疾中的幾個級別時，一般只給付較高級別的殘疾保險金。二是如果被保險人遭受不同部位的殘疾時，應以保險金額為限加總給付，即保險人根據給付比例將各處殘疾給付百分比累加，未超過 100% 的，則

殘疾保險金＝約定保險金額×累計給付百分比

超過 100% 的，則

殘疾保險金＝保險合同約定的保險金額

例如，被保險人因意外傷害導致一目永久完全失明（應給付 30%），同時又缺失 10 個手指（應給付 75%）時，兩項百分率加總超過 100%，則只給付合同約定的保險金額。

第二，多次傷害。根據人身意外傷害保險的一般規定，被保險人在保險有效期內多次遭受傷害的，保險人應按每次致殘程度分別給付保險金，但累計金額不得超過合同約定的保險金額。

第三，先殘後死。在被保險人多次遭受意外傷害事故而先殘疾、後死亡的情況下，被保險人的殘疾保險金仍是按上述方法計算的，而最後的死亡保險金則等於合同約定的保險金額扣除先期給付的殘疾保險金額後的餘額，同時合同宣告終止。

第四，特別約定殘疾給付。這是用來彌補殘疾程度百分比的不足的一項約定，因為人體各部位的殘疾對從事不同職業的人的勞動能力的影響是不相同的。例如，普通人喪失一個手指，在根本上不會影響生計，但對於鋼琴演奏家而言卻是致命的打擊。因此，特定職業的人們可能會對自己身體的某個特別部位予以特別關注，也需要保險人提高對這一部位的保險金給付百分比。此時就需要保險雙方共同簽訂一項特別約定，並在保單中列示。

5.3.3　醫療保險金的給付

不同國家對於意外傷害醫療保險金給付的做法有很大不同，有的將其列為除外責任，有的是針對其中幾個險種給付醫療保險金，有的則是將醫療保險金的給付作為常規條款列在保險條款之中。

當被保險人在保險有效期內遭受承保危險事故而導致身體受到傷害，並且因此發生了醫療費用開支時，在責任有限期內提出申請的，由保險人按實際發生數額在保險金額之內對被保險人進行補償。此項保險金額包括實際醫療費用和住院費等，前者是被保險人必須支付的合理的實際醫療費用，由保險人給付醫療保險金，但每次給付不得超過保單所規定的「每次傷害醫療保險金限額」；後者是指被保險人因意外傷害經公費醫療或在保險人指定的醫院住院治療所發生的費用，由保險人按其住院日數給付保單所載的「傷害醫療保險金日額」，或按規定金額報銷，但每次傷害的給付或報銷天數不得超過規定時日。此外，如果被保險人因傷害骨折但未住院治療的，保險人可以按經驗住院日數乘以「醫療保險金日額」的一半進行給付，這是臺灣等地區的一般做法。

習題

1. 人身意外傷害保險的保險費率主要是根據被保險人的（　　）確定的。
   A. 年齡　　　　　　　　　　B. 職業
   C. 性別　　　　　　　　　　D. 收入
2. 意外傷害的特徵包括（　　）。（多選）
   A. 外來的　　　　　　　　　B. 非本意的
   C. 突然的　　　　　　　　　D. 非疾病的
3. 人身意外傷害保險屬於（　　）保險。（多選）
   A. 給付性　　　　　　　　　B. 短期性
   C. 保障性　　　　　　　　　D. 儲蓄性
4. 按致害物劃分，傷害包括（　　）。（多選）
   A. 器械傷害　　　　　　　　B. 化學傷害
   C. 生物傷害　　　　　　　　D. 自然傷害

5. 人身意外傷害保險與財產保險的共同之處在於（　　）。(多選)
   A. 保險期限短
   B. 保險金額由保險價值確定
   C. 保險事故的發生是外來原因造成的
   D. 1年以下的未到期責任準備金按當年保費收入的一定比例計算
   E. 保險事故的發生是偶然的
6. 人身意外傷害保險具有哪些特點？
7. 簡述人身意外傷害保險與人壽保險的區別與聯繫。
8. 簡述人身意外傷害保險的分類。
9. 簡述人身意外傷害保險中保險金的給付方式。

答案：1. B　2. ABCD　3. ABC　4. ABCD　5. ACDE

6 健康保險

6.1 健康保險概述

6.1.1 健康保險的概念

（1）健康保險概念的界定

健康保險是以人的身體為保險標的，保證被保險人在受到疾病或意外事故所致傷害時的費用支出或損失能夠獲得補償的一種保險。如同人壽保險並不是保證被保險人在保險期限內能夠避免生命危險一樣，健康保險並不是保證被保險人不受疾病困擾、不受傷害，而是以被保險人因疾病等原因需要支付醫療費、護理費，因疾病造成殘疾以及因生育、疾病或意外傷害暫時或永久不能工作而減少勞動收入為保險事故的一種人身保險。根據人身保險業界的習慣，往往把不屬於人壽保險、人身意外傷害保險的人身保險業務全都歸入健康保險中。

健康保險主要有以下兩層含義：①健康保險承保的保險事故是疾病和意外傷害事故兩種。疾病主要是人體內部的生理或疾病因素造成的；意外傷害事故則是人們非本意的、外來的、突然的因素所造成的。②健康保險所承保的危險是因疾病（包括生育）導致的醫療費用開支損失和因疾病或意外傷害致殘導致的正常收入損失。我們知道，疾病和意外傷害事故帶給人們的結果可能是同樣的，即去醫院治療而支出醫療費用或者耽誤工作而減少勞動收入。因此，健康保險正是針對這兩種後果來規定其保險責任的，以補償人們的醫療費用開支和收入損失。

中國《保險法》規定，人身保險業務，包括人壽保險、健康保險、人身意外傷害保險等保險業務。而中國保險監督管理委員會下發的《關於印發〈人身保險產品定名暫行辦法〉的通知》（保監發〔2000〕42號）第六條指出：「按保險責任，健康保險分為疾病保險、醫療保險、收入保障保險。」

（2）健康保險的承保責任

籠統地講，健康保險的承保責任範圍包括：工資收入損失、業務利益損失、醫療費用、殘疾補貼以及喪葬費及遺屬生活補貼等。從總體上看，健康保險承保的主要內容可以分為兩大類：一類承保的是由於疾病、分娩等所致的醫療費用支出損失，一般稱這種健康保險為醫療保險或醫療費用保險。另一類承保的是由於疾病或意外事故致殘所致的收入損失，如果被保險人完全不能工作，則其收入損失是全部的；如果被保險人無法恢復所有工作，只能從事比原工作收入低的工作，那麼其收入損失是部分的，

損失數額就是原收入與新收入的差額，一般稱這種健康保險為疾病保險、收入保障保險。

6.1.2 健康保險的特徵

健康保險雖然與人壽保險、人身意外傷害保險同屬人身保險的範疇，但健康保險也有許多不同於其他人身保險險種的特點。健康保險的特徵，不僅體現在保險標的、保險事故方面，而且體現在健康保險業務的獨特性方面。

（1）健康保險的保險標的、保險事故具有特殊性

①健康保險的危險具有變動性和不易預測性。健康保險涉及許多醫學上的技術問題，尤其是危險的估測、保險費的測定等都比較複雜。

②健康保險以人的身體健康為保險標的，以疾病、生育、意外事故等原因造成的殘疾、失能和死亡損失及發生的醫療費用為保險事故。

③健康保險是一種綜合保險。健康保險的內容廣泛而複雜，一般情況下，凡不屬於人壽保險、人身意外傷害保險的人身保險都可以歸為健康保險。因此，健康保險既是獨立的保險業務，又具有綜合保險的性質。

（2）健康保險的經營內容具有複雜性

無論是從健康保險經營內容的整體出發，還是從某一具體的健康保險業務的經營內容出發，其複雜性特徵均很明顯，主要表現在：

①承保標準複雜。由於健康保險的保險事故不同於其他人身保險，健康保險的承保條件相對於人壽保險而言要嚴格得多。健康保險業務有以下幾點規定：一是觀察期。僅僅依據病歷等有限資料很難判斷被保險人在投保時是否已患有某種疾病，為了保證保險人的利益，保單中要規定一個觀察期（大多是半年）。在此期間，被保險人因疾病所致的醫療費支出或收入損失，保險人均不負責，只有在觀察期滿後，保單才正式生效。也就是說，觀察期內發作的疾病都假定為投保之前就已患有，保險人根據最大誠信原則可以拒絕承擔責任。二是次健體保單。這是指對沒有達到標準條款規定的身體健康要求的被保險人所施行的承保方式，一般通過提高保費或重新規定承保範圍來完成承保工作。三是特殊病保單。對於特殊疾病，保險人制定出特種條款，以特定費率進行承保，既使得保險人的業務範圍拓寬，又不給保險經營帶來過大壓力。

②確定保費的要素複雜。我們已經知道，人壽保險純保費計算的三個基礎率是預定死亡率、預定利息率和預定費用率。健康保險因保險內容不同，在保費的確定上也略有區別。首先，決定健康保險費率的因素比人壽保險以及其他險種多，而且這些因素很難進行可靠、穩定的測量，主要包括疾病發生率、殘疾發生率、疾病持續時間、利息率、費用率、死亡率等因素。其次，同其他險種一樣，類似保單失效率、展業方式、承保習慣、理賠原則以及保險公司的主要經營目標等都影響著費率的高低。最後，由於健康保險承保內容的特殊性，確定保費時對醫院的管理、醫療設備、經濟發展、地理環境等條件的依賴程度較大，而這些方面的些許變化都會保險人對未來賠付的預測帶來較大的影響。

③責任準備金的性質複雜。健康保險中最重要的準備金是所謂未滿期保費準備金

(Unearned Premium Reserve)，即在年度決算時，對於保險責任尚未屆滿的保費所應提存的準備金。與壽險保單責任準備金相比，健康保險的未滿期保費準備金對保險人來說，有更大的可發揮主動性的餘地，因此運用上應該更謹慎。

④保險金給付基礎的多樣性。健康保險有三種不同的給付基礎：一是定額基礎（Valued Basis），類似壽險的給付；二是實際補償基礎（Reimbursement Basis），在最高限額之內依據實際發生的費用給付；三是預付服務基礎（Prepaid Service Basis），提供由保險組織直接支付住院、外科醫生等醫療費用的服務。即使合同約定了不同的給付基礎，在具體給付上仍有無法確定的因素，例如，醫療費用被認為是一切合理的和必需的費用，但如何賠付可以有不同的掌握，這就只能依靠保險人曾經的賠付經驗來進行理賠、給付。

此外，在醫療費用保險方面，為了避免支付的賠款費用超過實際發生費用的現象發生，就產生了「補償性原則」和「費用分攤原則」。一是保險合同一般規定一個最高保險金額，保險人在此限額內支付被保險人所發生的費用，超出部分由被保險人自己承擔，被保險人不得因此而獲得超過實際發生費用的補償金額。二是個人應分擔一部分費用，即認為自負費用的一定比例能夠促使被保險人努力地恢復身體，使得病人不去肆意地使用沒有必要的服務項目和醫療設備，防止道德風險的發生。

(3) 健康保險的保險合同具有特殊性

①健康保險具有補償的特殊性。正如上面所說，與人身保險的保險金通常具有的給付性質不同，健康保險人支付的保險金具有補償性質。針對疾病和生育的保險事故的保險金給付，不是對被保險人的生命和身體的傷害進行補償，而是對被保險人因為疾病或生育在醫院醫治所發生的醫療費用支出和由此引起的其他費用損失的補償。正由於健康保險具有補償性質，因此其在核算上與財產保險有許多共同之處。

②健康保險一般不指定受益人。受益人是享有保險金請求權的人，除非合同另有約定，否則受益人一般為被保險人。只要被保險人生存，他就具有保險金請求權；只有當被保險人死亡時，受益人才享有受益權。健康保險的目的是為被保險人提供醫療費用或使他們獲得治療，在生活中有一定的保障。為此，被保險人得到的保險金基本上是以被保險人的存在為條件的，無須指定受益人。只有疾病保險中有死亡賠付責任的，才需要指定受益人。

③健康保險合同多為短期合同。除少數承保特定危險的健康保險（包括重大疾病保險、特種疾病保險如癌症保險、長期護理保險等）外，健康保險的保險期多為1年，因此在保險條款中會註明在什麼條件下失效，什麼條件下又可自動續保。這主要是因為健康保險的保費計算，以發病率、殘疾率、替換死亡率為基礎，沒有類似於生命表的「發病率表」「殘疾率表」來估計人們因疾病、分娩發生疾病和死亡的概率；此外，發病率、殘疾率受職業環境等因素的影響較大，從長期來看不穩定，所以一般的健康保險中的醫療費用保險、收入保障保險等都是短期或1年期的。

此外，在健康保險合同中，除適用一般人壽保險合同的不可抗辯條款、寬限期條款、不喪失價值選擇權條款等條款外，健康保險合同的條款設計上還往往有核保的考慮。如既存狀況條款、觀察期條款、等待期條款、轉換條款、體檢條款等。對於這些

條款,我們將在下文具體說明。

6.1.3 健康保險合同的特殊條款

(1) 一般特殊條款

一般特殊條款是指個人健康保險和團體健康保險共同採用的一些特別規定:

①年齡條款。不同年齡的人具有不同的健康狀況,年齡過高或過低都存在較常人更高的健康方面的危險,因此,年齡大小是保險人在決定是否承保時所要考慮的一個重要因素。一般情況下,健康保險的承保年齡多為3歲以上、60歲以下,個別情況下可以放寬到70歲。此外,人的性別也有很大關係。通常女性的期望壽命要長於男性,健康狀況也要好於男性,從而男性投保健康保險時的保險費率較同齡女性高。

②體檢條款。它允許保險人指定醫生對提出索賠的被保險人進行體格檢查,目的是使保險人對索賠的有效性做出鑒定。體檢條款適用於疾病保險、收入保障保險等。

③觀察期條款。僅僅依據病歷等有限資料很難判斷被保險人在投保時是否已經患有某種疾病,為了防止已有疾病的人帶病投保,保證保險人的利益,保單中要規定一個觀察期(大多是半年)。在此期間,對於被保險人因疾病支出醫療費或收入遭受損失,保險人均不負責,只有觀察期滿之後,保單才正式生效。

④等待期條款。所謂等待期,也稱免賠期間,是指健康保險中由於疾病、生育及其導致的病、殘、亡發生後到保險金給付之前的一段時間。健康保險的保險合同在「保險金的申請和給付」條款中一般都要加上「等待期」的約定。等待期時間長短不一,短的只有3日、5日,長的可達90日,例如,疾病保險的保單中都明確規定,被保險人自患病之日起,直到約定的等待期間屆滿以前,不能從保險人處獲得任何給付。一些意外傷害保險的保單中也有這種等待期間的約定,但一般等待的期限比疾病保險要短。等待期間的提出,為保險金申請人準備資料、申請保險金提供了充足而有效的時間。對保險人而言,「等待期」的約定,一是可以防止被保險人借輕微的疾病或小的醫療費支出坐享給付,同時防止道德風險發生從而引起嚴重的自傷行為。在等待期內一切經濟上的負擔要由被保險人自己承擔,這就避免了被保險人以暫時性疾病或以其他不當手段製造保險事故來騙取保險金,給保險人的經營帶來不利的影響。二是保險人可以充分利用這段時間進行調查、核實,杜絕不良現象的發生,以保證經營的需要。此外,健康保險條款一般還會約定,一旦發生投保人要求增加保險金額度的情況,要安排新的一段的觀察期(如90天)。在增加保額後的這一段觀察期內,如果發生責任範圍內的保險事故,保險公司不承擔所增加部分的保險金的給付義務,這顯然是出於杜絕「逆向選擇」的需要。等待期滿後,如果保險人調查結果顯示保險事故是真實的,則保險人根據合同約定給付或補償保險金給受益人或被保險人本人。

⑤免賠額條款。在健康保險合同中,一般均對醫療費用採用免賠額的規定,即在一定金額下的費用支出由被保險人自理,保險人不予賠付。免賠額有兩層含義:一是指規定一個固定額度(如100元或200元),當被保險人在保險事故中遭受的損失沒有達到此限額時,保險人不履行保險責任,只有當損失額達到這一限額時保險人才予以全額賠償,這叫「相對免賠額」;二是指不管被保險人的實際損失多大,保險人都要在

扣除免賠額之後才支付保險金，這叫「絕對免賠額」。健康保險多採用絕對免賠方式。

⑥比例給付條款。比例給付條款，又稱共保比例條款。比例給付是保險人採用與被保險人按一定比例共同分攤被保險人的醫療費用的方式進行保險賠付的方式。此種情形下，相當於保險人與被保險人的共同保險。例如，共保比例為 80%，意味著對於被保險人的醫療費用，保險人負擔 80%，而被保險人自負 20%。

⑦給付限額條款。在具有補償性質的健康保險合同中，保險人給付的醫療保險金有最高限額規定，如單項疾病給付限額、住院費用給付限額、手術費用給付限額、門診費用給付限額等。

(2) 個人健康保險的特殊條款

①可續保條款。一般的健康保險都是 1 年期的。初次投保無論對保險人還是投保人而言都意味著複雜的手續和各項雜費，對於希望長期投保健康險的客戶，通過在保單條款中進行說明，使健康險保單變成連續、有效的保單是解決這一問題的很好的方法。一般可以在保單中加入這樣的內容：

定期條款。該條款規定了有效期限，如 1 年期保單，並且承諾在保險期內保險人不能解除或終止合同，也不能要求變更保費或保險責任。這就避免了被保險人被迫每年重複檢查身體辦理投保手續等定式。

可取消條款。這種條款的靈活性較強，被保險人或保險人在任何時候都可以提出終止合同或改變保費、合同條件保障範圍。規定這樣的條款，保險人承擔的風險小，所以成本也低，當然承保條件就不那麼嚴格，但對保險人在出售保險單之後的工作要求較高。

續保條款。一般有兩種不同的續保條款：一是條件性續保，即被保險人在符合合同規定的條件的前提下，可以續保直至某一特定時間或年數；二是保證性續保，也稱無條件續保，即只要被保險人繼續繳費，合同就可以持續有效，直到一個既定的年齡。

不可取消條款。這一條款同時針對被保險人和保險人雙方，被保險人不能要求退費退保，當其無力繼續繳納保費時，保險人可以自動終止合同。

②既存狀況條款。既存狀況條款規定，在保單生效的約定期間內，保險人對被保險人的既往病症不給付保險金。既往病症是指在保單簽發之前被保險人就已患有，但卻未在投保單中如實告知的疾病或傷殘。

在這裡，我們有必要解釋一下既存狀況條款與不可抗辯條款之間的區別。在健康保險合同中，雖然二者都與保險人對被保險人的健康狀況的不實告知有關，但是不可抗辯條款針對的是屬於重大不實告知的病症，它保證保險人在保單生效未滿 2 年期間可以以此終止合同；而既存狀況條款針對的不實告知的事實屬於小事，如被保險人有關節痛、有時厭食等。

③職業變更條款。在健康保險中，被保險人的職業發生變動將會直接影響發病率、遭受意外傷害的危險，所以通常在職業變更條款中規定，如果被保險人的職業危險性提高，保險人可以在不改變保險費率的前提下降低保險金額。

④理賠條款。該條款規定，理賠申請人有及時將損失通知保險人的義務，保險人有迅速理賠的責任。

⑤超額保險條款。由於健康保險的保險金具有補償性質，因此為防止被保險人因疾病或殘疾後獲利，在合同中可規定超額保險條款，即對於超額保險，保險人可減少保險金額，但要退還超額保險的保費部分。

⑥防衛原因時間限制條款。防衛是指投保書上所列明的重大不實告知事項。根據此條款，保單生效經過一定時間後，除非被保險人有詐欺行為，否則保險人不得重大不實告知為由決定保單無效或拒絕賠付。

該條款與不可抗辯條款具有相似之處，但不可抗辯條款規定，保單經過不可抗辯期後，即使投保書內的重大不實告知屬於詐欺行為，保險公司也不得拒賠。

(3) 團體健康保險的特殊條款

團體健康保險是保險公司與團體保單持有人（雇主或其他法定代表）之間簽訂的健康保險合同，對主契約下的人群提供保障。為此，保險人可以在一份團體健康保險單中提供多種團體保障，也可以為每一種保險保障簽發獨立的團體保單。團體健康保險的特殊條款有：

①既存狀況條款。該條款的具體內容與個人健康保險有所不同。在團體健康保險中，該條款規定，如果被保險人享受的保險保障已達到約定的期限，則保險人不負對被保險人的既存狀況給付保險金的責任。但是，被保險人如果對某一既存狀況已連續3個月未因此而接受治療，或者參加團體保險的時間已達12個月，則該病症不屬於既存狀況，由此而發生的醫療費用支出或收入損失可以向保險人提出賠付申請。

②轉換條款。轉換條款規定，團體被保險人若在脫離團體後購買個人醫療保險，可不提供可保證明。但是，被保險人不得以此進行重複保險。將團體健康保險轉換為個人健康保險時，被保險人通常要繳納較高的保費，有關保險金的給付也有更多的限制。

③協調給付條款。該條款在美國和加拿大的團體健康保險中較常見，因為在這些國家，有資格享受多種團體醫療保險的被保險人較普遍，如雙職工家庭可能享有雙重團體醫療費用保險。該條款主要是為解決享有雙重團體醫療費用的團體被保險人獲得的雙重保險金給付問題，而將兩份保單分別規定為優先給付計劃和第二給付計劃。優先給付計劃必須給付它所承諾的全額保險金；若其給付的保險金額不能滿足被保險人所應花費的全部合理醫療費用，被保險人就可要求第二給付計劃履行賠付差額部分保險金的責任，同時告知保險人優先給付計劃的給付金額，第二給付計劃根據協調給付條款支付保險金。

6.2 醫療保險

6.2.1 醫療保險的概念及特徵

(1) 醫療保險的基本概念

醫療保險，又稱醫療費用保險。人們投保醫療保險的目的就在於補償醫療費用的支出。醫療保險是健康保險最重要的組成部分，是指提供醫療費用保障的保險，保障

的是被保險人因患疾病或生育需要治療時的醫療費用支出，包括醫生的醫療費和手術費、藥費、診療費、護理費、各種檢查費、住院費以及醫院雜費等。各種不同的醫療保險所保障的費用一般是其中一項或若干項醫療費用的組合。

（2）醫療保險的特徵

①出險頻率高，保險費率高。

②賠付不穩定且不易預測。

③保險費率厘定困難，誤差大。

④醫療保險具有補償性，即保險人以被保險人在醫療診治過程中發生的醫療費用為依據，按照保險合同的約定，補償其全部或部分醫療費用。

6.2.2 醫療保險的分類

目前，商業保險公司推出的醫療保險產品種類繁多，按照不同的分類標準，大致有以下幾種類別。

（1）按投保人數分

按投保人數的不同，醫療保險可以分為個人醫療保險和團體醫療保險。個人醫療保險只能由個人作為投保人來購買。團體醫療保險產品必須由單位作為投保人，投保單位不能是為投保目的而臨時組成的團體，並且投保單位必須達到一定的人數，如有的團體醫療保險規定被保險團體必須在10人以上。

（2）按保障範圍分

按保障範圍的不同，醫療保險中的各類產品可以細分為普通醫療保險、住院醫療費用保險、手術保險、門診醫療費用保險、綜合醫療保險、高額醫療費用保險等。我們將在下文進行詳細介紹。

6.2.3 醫療保險的內容

（1）保險期限和責任期限

保險期限是指保險人對保險合同約定的保險事故所造成的損失承擔給付保險金責任的時間段，而責任期限則是指被保險人自患病之日起的時間段。如果被保險人患病治療超過保險期限，則保險人只負責責任期限內的醫療費用開支。也就是說，只有發生在保險期限內的保險事故才能享受責任期限的待遇，被保險人在保險期內患病但在保險期內還未治愈，則從患病之日起的不超過責任期限內所支出的醫療費用由保險人提供補償保險金。責任期限一般可定為90日、180日、360日不等，以180日居多。

（2）保險金額

醫療保險一般會規定一個最高保險金額，保險人在此限額內支付被保險人所發生的醫療費用，無論被保險人是一次還是多次患病治療；但超過該限額之後保險人就停止支付。除此之外，在實踐中還可採取規定每次門診費的保險金額、規定每日住院金額數（平均數）、即時限額補償、疾病限額補償等方式確定醫療保險的保險金額。

（3）保障項目

被保險人患病治療過程中，醫療費用涉及的範圍很廣，既有治療疾病的直接費用，

如藥費、手術費，又有與治病無關但患者必須支出的費用，如假肢費、整形費。這些名目繁多的費用究竟是否屬於保障範圍，是保險人在進行賠付之前必須仔細區分的。原則是直接費用予以負責，間接費用可付可不付，無關費用一律不予負責。一般來說，保險人均會列入保障範圍的費用有：藥費、手術費（包括麻醉師費和手術室費）、診斷費、專家會診費、化療費、輸血輸氧費、檢查費（包括心電圖、CT、核磁共振等）、拍片透視費、理療費、處置費、換藥費、X光療費、放射療費等。有些費用是否屬於保障範圍，則視保險單的具體規定而異，如住院床位費、家屬陪護費、取暖費、異地治療交通費等。另外，還有一些費用是作為除外責任的，如病人的膳食費、滋補藥品費、安裝假肢或假牙費、美容性整形整容費、器官移植的器官費用等。對於上述費用，不同保險人提供的醫療保險，其保障範圍和除外責任範圍也不大相同。

（4）醫療費用分攤

醫療費用分攤條款是醫療保險的常用條款之一，通常採取免賠額和比例分擔兩種形式。除此之外，還有給付比例與免賠額結合法、限額給付法、免責期限（即在合同生效的最初一段時間內，保險人對被保險人發生的保險事故不負賠付責任，以減少帶病投保現象，降低保險人的經營風險）等方式。

6.3 疾病保險

6.3.1 疾病保險的概念

疾病保險是以疾病為保險金給付條件的保險，如重大疾病保險、特種疾病保險等。它是指被保險人罹患合同約定的疾病時，保險人按投保金額定額給付保險金，以補償被保險人由此帶來的損失的保險。疾病保險不考慮被保險人的實際醫療費用支出，而以保險合同約定的保險金額給付保險金。

6.3.2 疾病保險的承保內容

（1）疾病保險的承保條件

疾病保險，顧名思義，就是以影響人們健康的各種疾病為承保條件的保險。

保險人出於經營需要，一般都要對可保疾病加以限制，主要是指人身體內部原因所引起的病症，包括精神上的或身體方面的痛楚、不健全等。構成可保疾病的，通常必須具備以下三個條件：

①內部原因的疾病。強調內部原因對人們健康構成威脅甚至危害，實質上是區分疾病保險與意外傷害保險的一個重要標準。疾病保險承保的疾病必須是人身體內部的某種原因引發的，即是由於某個或多個器官、組織甚至系統病變而致功能異常，從而出現各種病理表現的情況。

②非先天性疾病。保險的一個重要特徵就是對於那些在保險期間內發生的保險事故，由保險人根據保險合同履行補償或給付義務。疾病保險要求疾病發生在保險合同

的效力期間。根據這樣的原則，一切先天存在於身體上的缺陷都不屬於疾病保險承保範圍之內。一些潛伏性疾病，如遺傳性結核病、性病等若無誘發因素引起發病，對人們的健康並無大礙，如果在保險效力有效期間發作，應當將其視作普通疾病，在實務中一般列入可保範圍之內。

③偶然性疾病。偶然性疾病的限制來自於這樣的假設，即認為人生以健康為常態，以疾病為異常。因此，疾病的發生應當純屬偶然，並非人們所能預料得到的，但這種偶然性疾病是可以治癒的。所以一般對偶然性疾病又要求其在客觀上有藥可治，通過各種醫藥手段、措施可以減輕痛苦、緩解病勢並最終可以根除病患。

(2) 疾病保險不保的危險

疾病保險合同條款中，一般在「保險責任」後面就會列示出除外責任。例如，「由於下列原因所致被保險人發生的疾病，不屬保險責任：①被保險人的自殺或犯罪行為；②被保險人或其受益人的故意欺騙行為；③戰爭或軍事行動；④先天性疾病及其手術；⑤意外傷害引起的疾病或手術；⑥在觀察期內發生的疾病或手術；⑦凡保險責任內未列明的疾病」。也有的保單將特定區域以外罹患的疾病除外不保，或將精神障礙、結核病等除外不保，還有的將不法行為、酗酒、吸毒等也列入不保危險的範圍之中。

6.4 收入保障保險

6.4.1 收入保障保險的概念及特殊條款

(1) 收入保障保險的基本概念

收入保障保險，又稱喪失工作能力收入保險、收入損失保險、收入保險等，是對被保險人因疾病或遭受意外事故而導致殘疾、喪失部分或全部工作能力而不能獲得正常收入或使勞動收入減少所造成損失的補償的保險。

收入保障保險一般可分為兩類，一類是補償因疾病致殘的收入損失，另一類是補償因意外傷害致殘的收入損失。因此，它並不承保被保險人因疾病或意外傷害所發生的醫療費用。

(2) 收入保障保險的特殊條款

收入保障保險合同除了在被保險人全殘時給付保險金外，還可以提供其他利益。這些補充利益，既可以自動包含於基本險中，也可以通過繳納附加保費的方式獲得。

①部分殘疾保險金給付條款。某些收入保障保險單在被保險人部分殘疾時，在約定期間內提供殘疾收入保險金。部分殘疾是指導致被保險人不能完全從事其原有職業的某些工作內容或全天從事其職業的殘疾。一般情況下，部分收入保障保險金可以在保單中約定（如為全殘收入補償保險金的一個固定比例），也可以約定給付公式。當然，具體的給付金額視被保險人因殘導致收入的損失程度而定。

②加保選擇權條款。加保選擇權的全稱是未來增加保險金額選擇權，也叫保證未來的可保性，即如果被保險人在未來某一時期的收入增加的話，則不論其當時的健康

狀況如何，均有增加保險金額的權利。被保險人增加保險金額時，也不必提供可保證明，但必須提供收入增加證明。

③生活指數調整（COLA）給付條款。按生活費用調整保險金的給付額是為解決通貨膨脹造成的保險給付金購買力下降的問題，為殘疾的被保險人提供定期增長的殘疾收入保險金。在這一條款下，收入保障保險金根據消費者物價指數的增長或保單中規定的比例而增加。既定比例通常是5%或10%，同時被保險人要求增加保險金給付的申請必須是在殘疾保險金給付1年之後提出的。

④免繳保險費（WP）條款。幾乎所有的殘疾收入保險單都包含了免繳保險費條款。根據這一規定，被保險人如果全殘並且持續期超過規定的最短期限，就可免繳保險費，不過僅在被保險人的保險金給付期間或在其傷殘期間可以免繳保險費。此外，被保險人在沒有完全康復的傷殘時期內也可免繳保險費。

6.4.2 保險金的給付金額及給付方式

收入保障保險所提供的保險金並不是完全補償被保險人因殘疾所導致的收入損失。事實上，殘疾收入保險金有一限額，一般該限額要低於被保險人在殘疾前的正常收入。如果沒有這一限制，就有可能導致殘疾的被保險人失去重返工作崗位的動力，甚至有意延長傷殘時間。因此，殘疾收入保險金的目的僅在於保障被保險人的正常生活。

（1）收入保障保險金的給付金額確定

殘疾一般可分為全殘或部分殘疾。全殘是指被保險人永久喪失全部勞動能力，不能參加工作以獲得工作收入。部分殘疾是指被保險人喪失部分勞動能力，只能進行原職業以外的其他職業，且新的職業可能會使收入減少。因此，收入的損失在數額上可能是全部或部分，在時間上可能是長期的或短期的。

收入保障保險金的給付金額有定額給付和比例給付兩種方式。

①個人收入保障保險通常採取定額給付的方式。定額給付是指保險雙方當事人在訂立保險合同時根據被保險人的收入狀況協商約定一個固定的保險金額（一般按月份定）。被保險人在保險期間發生保險事故而喪失工作能力時，保險人按合同約定的金額定期給付保險金。在這種方式下，無論被保險人在殘疾期間是否還有其他收入來源及收入多少，保險人都要根據合同約定給付保險金。

為了防止道德風險的發生，保險人在對每個被保險人確定其最高殘疾收入保險金限額時，需要考慮以下幾個方面：被保險人稅前的正常勞動收入；非勞動收入，如股利、利息等；殘疾期間的其他收入來源，如團體殘疾收入保險或政府殘疾收入計劃所提供的保險金；現時適用的所得稅率。

②團體收入保障保險通常採取比例給付的方式，是指保險事故發生後，保險人根據被保險人的殘疾程度，給付相當於被保險人原收入的一定比例的保險金。對於團體長期收入保險單，該比例通常為60%～70%。團體短期保險單所規定的比例通常會高一些。

（2）收入保障保險金的給付方式

①一次性給付。

被保險人全殘。被保險人因疾病或遭受意外傷害導致全殘，同時保單規定保險金

的給付方式為一次性給付的，保險公司通常按照合同約定的保險全額一次性支付保險金給被保險人。

被保險人部分殘疾。如果收入保障保險合同規定被保險人可以領取部分保險金，那麼保險公司一般根據被保險人的殘疾程度及對應的給付比例支付保險金。

②分期給付。

按月或按周給付。保險人根據被保險人的選擇，每月或每周提供合同約定金額的收入補償。

按給付期限給付。給付期限分為短期和長期兩種。短期給付補償是被保險人在身體恢復以前不能工作的收入損失補償，期限一般為 1 年到 2 年。長期給付補償是被保險人因全部殘疾而不能恢復工作的收入補償，具有較長的給付期限，通常規定給付至被保險人年滿 60 周歲或退休年齡；若此期間被保險人死亡，保險責任即告終止。

推遲期給付。被保險人殘疾後的一段時期為推遲期，一般為 90 天或半年，在此期間被保險人不能獲得任何給付補償。超過推遲期，被保險人仍不能正常工作的，保險人才開始承擔保險金給付責任。推遲期的規定，是由於被保險人在短期內通常可以維持一定的生活，同時設定推遲期也可以降低保險成本，有利於為確實需要保險幫助的人提供更好的保障。

習題

1. 為減少在處理和賠付持續時間很短的疾病中發生的費用，降低經營成本，在殘疾收入保險中常規定（　　）。

　　A. 保險期限　　　　　　　　B. 責任期限
　　C. 等待期　　　　　　　　　D. 生存期

2. 下列保險產品屬於健康保險的是（　　）。（多選）

　　A. 住院津貼保險　　　　　　B. 手術保險
　　C. 門診保險　　　　　　　　D. 意外醫療費用保險

3. 下列（　　）屬於健康保險的特殊條款。（多選）

　　A. 等待期條款　　　　　　　B. 觀察期條款
　　C. 比例賠付條款　　　　　　D. 寬限期條款

4. 下列屬於疾病保險的保障範圍的有（　　）。

　　A. 被保險人的自殺　　　　　B. 先天性疾病及其手術
　　C. 內部原因的疾病　　　　　D. 意外傷害引起的疾病或手術

5. 下列屬於健康保險的有（　　）。（多選）

　　A. 長期護理保險
　　B. 住院津貼保險
　　C. 重大疾病保險
　　D. 遞延年金保險

6. 簡述健康保險的含義及基本特徵。

7. 為什麼說健康保險比其他保險具有更大的道德風險？
8. 試比較健康保險和社會醫療保險的異同。
9. 收入保障保險有哪些保險金給付方式？

答案：1. A 2. ABCD 3. ABC 4. C 5. ABC

第二部分
人身保險實務

7　人身保險行銷

7.1　人身保險行銷渠道模式

7.1.1　人身保險行銷的傳統渠道

保險產品從保險公司最初的產品開發，最終到投保人手裡的過程、途徑稱為保險行銷的渠道，有效、暢通的保險行銷渠道是保單順利銷售的保證，因此，人身保險公司在進行人身保險行銷時務必要保證行銷渠道的暢通無阻、廣泛有效。傳統的人身保險行銷渠道大致可分為兩大類：直接行銷渠道和間接行銷渠道。

（1）直接行銷渠道

直接行銷渠道即直銷渠道，是指人身保險公司將保單直接銷售給最終投保人，不需要任何中間環節。它以保險買賣雙方的直接交流為特點。直銷渠道一般在以下兩種情況較為常見：一是人身保險產品的功能單一，只面向特定的投保人，人身保險公司根據客戶的特殊需要而提供該類產品；二是人身保險產品的功能過於複雜，需要人身保險公司細緻的指導、詳細的解說和優良的售後服務，這也需要投保人直接和公司進行聯繫。

在美國，直銷渠道是人身保險公司通過郵寄、報紙、雜誌、廣播電視或電話等方式直接與客戶聯繫而形成的，不需要任何中間人。在這種行銷渠道下，人身保險公司可以節省中間人的費用支出，但要相應增加廣告的支出。若是針對某一特定險種，則直銷渠道有利於投保人的集中投保，可一次性進行大量銷售，節省成本支出。人身保險公司和投保人的直接聯繫有助於公司及時、有效瞭解市場行情，對現有產品進行改進並開發出滿足市場需求的新產品。但是，由於人身保險公司的業務量龐大、保單品種繁多，直接行銷模式不利於人身保險公司獲得規模經濟效益，因此，人身保險公司只對特殊險種採取此方式。

（2）間接行銷渠道

間接行銷渠道是指人身保險公司通過若干中間環節將保單銷售給最終投保人。對於行銷的中間環節，各保險公司有所不同，可以是一個，也可以是多個，可以是代表人身保險公司利益的仲介組織機構，也可以是代表投保人利益的仲介組織機構。間接行銷渠道可根據中間環節的不同分為不同的類型。

①保險代理人制度。在這種間接行銷渠道下，人身保險公司首先通過代理合同明確代理人，並授權代理人在保險公司的授權範圍內進行代理保險產品的銷售。代理人

向客戶出立暫保單、代收保險費及進行理算賠款等。客戶直接與代理人發生聯繫,而不必通過人身保險公司。保險代理人制度的建立,對於人身保險公司降低銷售成本、分散風險、提高保單銷售量、增加公司利潤有著重要的意義。保險代理人的展業活動滲透各行各業,覆蓋城鄉的每個角落,為社會各層次的保險需求提供了方便、快捷的人身保險服務,產生了較大的社會效益。保險代理人進行保單的專業銷售,有助於人身保險公司保單行銷效率的提高。同時,代理人與客戶緊密接觸,還能將保單不足之處和客戶需求及時反饋給人身保險公司,從而提高人身保險公司的經營效率。

②保險經紀人制度。保險經紀人和保險代理人有很大不同,保險經紀人是代表投保人的利益,為其尋找合適保險人並代表投保人擬定保險合同,完成保險行為,收取佣金。而保險代理人是代表保險公司的利益,幫助公司進行保單的銷售。保險經紀人是西方發達國家保險公司銷售保單的重要形式。由於保險經紀人在保險條件、保險費率厘定及保險市場方面具有專業的知識和豐富的經驗,因此他能為投保人提供專業化的服務,方便了投保人的活動。而且,保險經紀人能從保險公司那裡按照招攬業務的一定的比例,獲取一定佣金,既節省了保險公司內部較高的直銷人員工資的支出,又使保險經紀人獲得了一定的收入,具有較好的社會效益。

③員工銷售制度。從事保單銷售業務的員工是人身保險公司向社會招聘的並經其培訓合格的專門從事人身保險推銷業務的人員。他們雖然由人身保險公司招聘並管理,但不屬於保險公司的正式員工,其收入包括底薪加所收保費的一定比例的提成。他們是介於保險人和投保人之間的仲介人。員工銷售制度方便了人身保險公司的行銷活動,具有很大的靈活性和機動性。

在世界上,保險代理公司等保險仲介已經有上百年的歷史,而中國的保險仲介實際上是自1992年美國友邦進入後才大規模引入的。保險代理公司和保險經紀公司都需經有關機構的批准才能設立組織形式,對其從業人員有較高的要求,對各組織機構的硬性要求也很嚴格,而中國人身保險業發展時期較短,人才缺乏,所以在這方面還有很大的欠缺。

7.1.2 人身保險行銷渠道的創新

世界互聯網技術的迅速發展,給人身保險的行銷也開闢了新的道路。新的人身保險行銷方式即網路行銷已經出現在國際保險市場上。網路行銷是指保險公司借助於聯機網路、電腦通信和數字交互媒體等來實現其行銷目標。目前,世界上知名的國際大型保險公司均已實現了網上行銷。網路行銷開創了世界保險行銷的新渠道,其強大優勢對傳統行銷渠道構成了潛在威脅。網路行銷將從整體上改變現行行銷體制,創建更快捷、更有效的行銷服務體系。

首先,網路行銷有利於降低行銷成本。人身保險公司通過引進電子系統,可以大大降低其在保單印刷、保管、仲介開支及其相關的密集勞動的成本,因此也相應地降低了保險費率的報價。對於大型人身保險公司來說,還可以得到資源共享的優勢,減少了信息成本。

其次,網路行銷有利於增大銷售數量。由於互聯網方便、快捷、準確的服務,網

路行銷能增強對投保人的吸引力。在傳統的行銷渠道中，投保人不得不花費大量時間在保單的查詢、簽訂等方面，而現在可以隨時隨地獲得及時、方便的服務，能增強投保人的購買意願。而且人身保險公司由此降低的成本開支也相應地降低了保單的定價，這更能刺激投保人的購單行為。

最後，網路行銷有利於人身保險公司的經營控製。網路行銷通過互聯網技術可以向人身保險公司提供及時、準確的保單銷售業績情況，便於行銷部門進行保單管理，也有利於財務部門的帳務處理工作。客戶可以直接和公司進行聯繫，增強了人身保險公司對市場的掌握和熟悉程度，便於公司整體經營的改進。

網路行銷帶來的巨大優勢不僅體現在人身保險公司獲得的利益上，而且還能給投保人帶來切實利益，為整個社會帶來福利效應。

第一，投保人在新的保單購買方式下可以自由選擇各類保險產品，輕鬆享受人身保險公司的全天 24 小時服務。在傳統行銷渠道中，投保人若想投保，必須先和保險公司或其代理人聯繫，獲得人身保險公司提供服務的信息，仔細研究後再開始簽訂保險合同。這是一個複雜而耗時、耗力的活動，投保人有時因為項目的繁瑣而不願投保。而網路行銷服務的提供，使客戶可以隨時在網上獲取任何需求信息，足不出戶便可瀏覽全部保單種類及相關內容，同時能獲得人身保險公司提供的投保理財的專業化服務，進行專家理財。

第二，客戶可以在網上進行多家人身保險公司的比較，獲得人身保險公司的全面的服務信息，選擇最優保單種類、最低價格，實現在保險產品的多元化中的最優選擇。

第三，網路行銷面向全社會，能增強人身保險公司的宣傳力度，增強人們的保險保障意識，鼓勵人們進行有效的風險管理，提高整體社會的安全意識，有利於國家社會的穩定發展。

7.2　人身保險行銷的策略

人身保險行銷要從整體上構建行銷策略，這是其行銷的關鍵。可以通過廣告、商品組合、公共關係等方面制定行銷策略，多角度、全方位的行銷戰略將對人身保險公司的業務發展起到重要的促進作用。

7.2.1　促銷策略

（1）廣告宣傳策略

人身保險公司在進行廣告宣傳時要注意以下幾點：

①首先要進行創意選擇。創意是廣告的靈魂，所以必須對人身保險產品的廣告進行精心設計，力求通過廣告傳達豐富的信息量並能給人留下深刻的印象。要根據不同產品適應的不同對象有所差別對待，老年人和青年人的喜好不同，要選擇不同的媒介。

②廣告宣傳對於人身保險公司來說是一項比較大的資金支出項目，因此在進行廣告宣傳時要注意節約成本。廣告可以通過電視、廣播、報紙、雜誌等媒介傳播。電視

廣告是花費最多的，所以在電視中力求語句簡練、信息播放迅速，這樣可以節省開支，或者通過專門節目進行宣傳，這樣效果更好但支付的費用也更多。廣播的廣告成本相對較低，可以進行較長的廣告播送。報紙、雜誌也是很好的媒介手段，而且，成本與電視相比也較低，可以開展詳細的人身保險說明、宣傳，還可以在專門的保險報紙、雜誌上宣傳，這樣更能增強客戶對公司產品的信心。

(2) 保險推銷策略

廣告宣傳意在擴大人身保險產品在社會上的知名度，但最終的保單銷售還要依賴於保險的推銷工作。人身保險公司要對其行銷人員進行系統的業務培訓，使業務人員掌握基本的推銷技巧，同時在獎金上設置激勵機制，讓業務人員的業務成績和收入直接掛勾，鼓勵其努力工作。推銷技巧好壞對於保單能否成功銷售有著重要作用。推銷員首先要消除客戶對人身保險的各種疑慮、誤解，並宣傳人身保險的優勢、積極意義、重要性等，再結合客戶的經濟狀況、保險需求等具體情況向其建議適合的保單形式。這一過程需要推銷員表現熱情、說話誠懇，並要有耐心。

(3) 公共關係策略

人身保險公司經營的是一種服務，是以現在的保費收入換取未來的賠付支出的一種承諾服務，是直接與公眾進行接觸的，所以公共關係在人身保險行銷中格外重要。如很多企業為其員工投保團體險，這需要人身保險公司和企業有良好的關係，企業才能帶來大量投保需求。公共關係更多的是指人身保險公司和政府部門、新聞媒體、社區的關係。人身保險公司保持和政府部門的良好關係有助於其及時獲得國家政策信息，由政府支持、鼓勵的方向拓展產品的開發、銷售；保持同新聞媒體的良好關係可以使保險公司通過新聞界傳播自己的優勢項目，樹立強公司的良好形象，同時可以避免不利消息的傳播。新聞界的廣泛支持，能提高公司的聲譽，增強客戶的認可程度，相應地也會增加人身保險公司的潛在客戶數量。為搞好公共關係，人身保險公司要積極配合國家政策的頒布實施，主動接受相關部門的監管；要經常與新聞媒體保持聯繫，可以對其發展進行一些投資贊助，以擴大公司的利好消息的傳播。

(4) 優質服務策略

人身保險公司提供的無形產品——服務也是存在質量問題的。由於人身保險公司提供的是一種給予未來某項賠付的承諾，所以其更注重長期的穩健經營，這要求公司必須提供優質服務才能不斷地保持並增加其客戶數量，從而擴大其市場的份額。優質服務策略是指人身保險公司努力使其提供的各種服務達到或超過客戶的期望和要求。例如，盡量在方便的時間和地點為客戶提供諮詢、介紹、簽訂合同等服務，具有良好的服務態度和服務技能，人身保險服務內容真實可靠，等等，為客戶提供穩定的、長期的、優質的服務。

(5) 公司形象設計

投保人在選擇向哪一家人身保險公司投保時的一個重要考慮因素就是公司的形象、聲譽。因為公眾對於保險公司提供的服務承諾的兌現與否很大程度上取決於公司的聲譽，有較高威望與聲譽的公司更能獲得客戶的青睞。因此，人身保險公司要致力於提高本公司的聲譽，加強本公司的形象設計。公司的形象一部分通過其業務推銷員的行

為舉止表現出來，所以人身保險公司要加強對員工的培訓，增強其業務素質，展示公司良好的形象；另一部分是公司的宣傳，人身保險公司可以定期舉辦宣傳會或開發新產品時召開記者招待會、保戶座談會，積極參加公益活動並通過媒體進行宣傳，以提高公司的知名度，增強公眾對公司的認可。

7.2.2 價格策略

(1) 低價策略

低價策略是指人身保險公司將產品的價格定在低於原價格的水平上，其價格只略高於成本價。這種定價策略主要是為了迅速佔有市場，打開保單的銷路，在總量上為人身保險公司獲得更多的人身保險資金，為公司的進一步資產經營創造條件。因為有的新產品在剛剛推向市場時，人們對其功能都不甚瞭解，不願意花費較高的代價去換取一個比較陌生的未來服務，因此低價策略對於新產品有更大的優勢，它能更容易地被市場接受，而這是公司長期、持續經營該產品的第一步。但在實施低價策略時，人身保險公司必須實行高效的管理，不能對所有的產品都採取低價策略，因為這容易在客戶心裡打下產品質量較差、未來服務的承諾不可靠的烙印。低價策略更適合在市場的宏觀環境較差的情況下採用，有利於增強客戶的購買意願。

(2) 高價策略

高價策略是指人身保險公司將產品的價格定在高於其成本價或原來價格的水平上，以獲得超額的價值增值利潤。人身保險公司實行高價策略主要有四個原因：

①通過新產品的內在技術優勢而提供方便、靈活的服務來獲取壟斷利潤。新產品的獨特性能能提供市場上其他產品不能提供的特殊服務，或能給客戶帶來更多的便利和保險保障作用，因此，人身保險公司可以利用該特性獲取高額利潤。

②某些產品只是針對某一特定類型的客戶，其保障的風險較高。這類產品的應用範圍較狹小，銷售數量有限，因此必須通過高價來補償其他相關費用，如人員研究的費用、推銷費用等，以保證該產品為公司創造新的利潤收入。

③較高的價格能增強市場上客戶對產品的信心，保證公司產品的人氣指數。

④有些投保人要求保障的風險過高，通過較高的定價方法能拒絕風險過高的人身保險標的。這有利於降低公司的經營風險，提高公司的經濟效益，保證其穩定經營。

(3) 優惠價策略

優惠價策略是指人身保險公司在產品現有價格的基礎上，在產品銷售時給予折扣或優惠折讓的策略。優惠價策略包括兩種形式：

①降低原有產品的價格。其目的是刺激人們投保，拓展新市場。降低產品價格會使人們得到實際的優惠，迅速地擴展市場，增加業務量。這種產品降價是暫時的，待市場拓展開以後，產品有了廣泛的銷售渠道，就取消優惠價。

②在進行產品的組合銷售時給予價格上的優惠。如人身保險公司在推出新產品時，可以在原產品的銷售基礎上給予新產品優惠折讓，刺激客戶購買產品組合。

除了對保費繳納的絕對數額給予降低外，人身保險公司還可以在保費繳納方式上給予優惠，如減少首期保費投入額或延長保費繳納期限而降低每期繳納額。這都會在

一定程度上刺激投保人購買保單的欲望。

(4) 差異價策略

差異價策略是根據時間、地點、競爭對手情況的不同而採取不同的價格策略,包括時間差異策略、地區差異策略和競爭差異策略。

①時間差異策略。人身保險公司在對產品定價時,可以根據外部經濟環境和內部經濟環境的變化情況,在不同的時期制定不同的價格水平。當外部的整體經濟環境處在繁榮期,人們的收入水平較高且收入穩定,更願意對未來的不確定性風險進行保障時,可以制定較高的價格。當某一時期的自然災害或意外事故發生較頻繁時,人們因此而遭受巨大損失,會相應地增加對人身保險的需求,這種情況下人身保險公司也可以通過提高保單的價格來增加收入。

②地區差異策略。這是指人身保險公司對同一人身保險標的在不同地區採取不同的保費定價的策略。地區差異策略適用於在不同地區人們的收入水平、思想觀念、社會治安、風險發生頻率都有所不同的情況。在高收入水平的國家或地區可以定價高一些,因為人們對保險的支出承付能力較強,所以較高定價仍然具有一定的銷售市場。若某一地區人們的思想觀念較保守,不願意為未來獲得某項保障而進行現期支付時,保費的定價則要相對低一些。

③競爭差異策略。人身保險公司要根據其競爭對手的價格變化情況來調整自己產品的價格。若人身保險公司是一個大型的國際知名公司,在保險業界具有較高的聲譽,並且在產品價格制定上有領導優勢,則它可以依據其強大的實力在其他公司紛紛降低保費時依然不改變價格。然而,如果人身保險公司是一個中小型公司,在整個人身保險市場上只是同類產品價格的接受者,那麼在其他公司降低產品價格時它就不得不隨之調整本公司產品的價格,否則將在價格競爭中被市場所淘汰。

保險行銷具有服務行銷的特徵,更適用於非價格競爭的原則。人身保險公司的價格策略只在特殊情況下使用,而更多地採用非價格策略。

7.3 人身保險的客戶服務

人身保險產品的銷售過程即是對客戶的服務過程,而且是一種全面的服務。其過程包括諮詢、約訪、面談、締約、收費等,如果保險標的發生了符合合約規定的保險事故,還要包括審核、理賠、契約變更、附加價值服務等過程,還有可能發生投保人和保險人之間的法律申訴過程。這些複雜的過程可歸結為三類服務:售前服務、售中服務和售後服務。

7.3.1 售前服務與售中服務

售前服務主要是諮詢服務。投保人在投保前,需要先掌握有關人身保險的信息,因此人身保險公司除了通過廣告宣傳其產品服務以外,還要為客戶提供信息諮詢服務。諮詢服務可以通過公司設置專門的諮詢服務窗口、開通諮詢服務電話或由行銷人員向

客戶詳細解釋等方式來進行。不論通過哪種方式，人身保險公司事前都要對相關諮詢服務人員進行培訓，保證其精通本公司的服務業務。

售中服務是指投保人決定投保後，行銷人員在合約簽訂過程中所提供的各項服務，主要是指導投保人如何正確地填寫投保書。行銷人員有責任指導投保人填寫，並把其投保後的利益和責任詳細地告知投保人，這樣才能真實地體現客戶的投保意願。

7.3.2 售後服務

由於人身保險公司提供的人身保險合同都是長期性合同，尤其是終身壽險，因此保險合同的有效期都很長。在這樣長的保險期限內，保險公司和被保險人都會發生很大的變化，如被保險人年齡增長、收入增加或被保險人經濟貧困不能續繳保費、工作地點轉移等。這些變化均會使原有保單的保障範圍及人身保險金額與保護的實際需求有較大偏差。而保險公司也可能由於技術不斷進步而能為客戶提供更多更新的服務。這些變化都需要人身保險公司為保戶提供大量方便、及時的售後服務以避免保單的中途失效，真正保障投保人的利益。

良好的售後服務能真正滿足投保人的有效需求，還能樹立公司的優良形象，從而為公司帶來新的客戶。售後服務對人身保險公司的經營是至關重要的，公司要努力提高其售後服務質量。售後服務主要包括：續期保費的收取、保險合同的變更、保險合約的復效、保單的遷移、保單遺失、污損補發、保險費自動墊繳、保單貸款、減額繳清保險、利差返還、紅利領取以及保單附加值服務。

保險公司的人員要善於利用公司已有的條件，盡量做好售後服務工作，取得客戶的信任，這樣客戶群體才會不斷地擴大。

7.4　人身保險行銷的產品開發

7.4.1　產品開發概述

人身保險商品是人身保險行銷的客體，也是其核心內容，因此，如何開發、安排有競爭力的新產品日益成為人身保險公司競爭的焦點。人身保險公司都在不斷增強自身在新產品的研發方面的實力，通過對新產品的市場需求調查、開發、設計、定價等一系列活動來吸引更多的客戶，獲取客戶對保險產品更高的保障滿意程度。

（1）新產品的含義

新產品通常具有以下特點：

①具有新的保險內容，即新的保險責任、保險風險。

②具有新的目標市場、新的保障對象。

③具有新的繳費方式、賠付方式、現金獲取方式等。新產品包括那些完全採用新技術來重新設計、開發的產品，還包括對原有產品進行重大改進而形成的產品。

(2) 產品開發的原則

①適應性原則。人身保險公司進行產品開發的最大目的就是滿足人們更高的保險保障要求，因此新產品的開發必須能適應這種要求。適應性還要體現在新產品的定價方面。在新產品功能滿足客戶需要的基礎上，其定價也要同人們的承付能力水平相適應，這樣才能獲得更高的客戶支持率。

②合法性原則。人身保險公司經營要受到國家政策法規的影響和制約，因此其開發的新產品也必須符合國家法律法規。新產品在符合現有規定的前提下，不能違背社會道德，不能具有賭博性質，不能誘發道德風險，不能侵害客戶的利益。

③技術優勢原則。新產品的開發要想開拓新的市場，佔有新的客戶，就必須在技術上具有較大的優勢。現在，社會產品的競爭主要來自於其核心技術的不可效仿性，因此人身保險行銷中新產品的開發必須在技術上占據領先地位，這樣才能有長期的經營效益。新產品的技術優勢還體現在產品的優質上。中國已開辦的各類險種雖已很多，但其技術含量較低、產品質量較差，給中國人身保險業的經營帶來了不良影響。

(3) 產品開發的程序

產品開發是一個艱鉅而複雜的項目任務，需要許多專業人士花費大量精力、財力進行長時間的研究，主要有以下程序：

①市場調查。新產品的開發要想佔有市場，必須滿足市場的有效需求，因此開發新產品先要進行廣泛的市場調查，包括對客戶、競爭對手、仲介機構組織、國家有關政策部門以及國外領先公司等的調查。

②構思評審。通過對調查結果進行總結研究，制訂出令人滿意的產品開發計劃，構思出新產品的功能，並將目標新產品的初級構思提交有關單位進行審核，通過後即可進行產品的具體內容設計，包括新產品的保險對象範圍、保險金額、繳費方式、現金價值索取、保險責任、除外責任、賠付條件金額以及一些特殊的條款和附註等。

③廣告宣傳。新開發的產品在品種豐富的市場上是「天外來客」，對客戶來說是新事物，因此，人身保險行銷人員要制訂出詳細可行的廣告宣傳計劃來將新產品引入市場，介紹給消費者。人身保險公司可以通過電視、廣播、報紙、網路等進行宣傳，也可由本公司在特定地點舉行小型的宣傳會，直接向客戶提供諮詢服務，還可以向原有的投保人進行相關介紹。

④投入市場。新的人身保險保單經設計、宣傳後開始初步投入市場。人身保險行銷人員要進行相應的行銷策劃，確定具體的行銷策略、行銷渠道，並對相關業務人員進行培訓。

⑤績效評估。對於投入市場的新保單，要對其初步的行銷效果進行評價。根據銷售人員的業績總結出保單的銷售總額、保險標的在投保人中的性質分佈情況，如年齡、性別、地區分佈等。還要評估出新的保險產品是否有缺陷、漏洞，如保險條款是否有歧義等。最後要計算出新保險產品的收益，如預期的未來收益，並以此進行不斷的改進和提高。將改進後的產品再次投入市場，進行績效評估。如此反覆進行幾次，便可得到最終的成熟產品。

7.4.2 產品開發的策略

新產品的開發能給人身保險公司帶來巨額收益，但新產品的優質服務功能需要被客戶認可後才能帶來實際的經濟效益，這中間的轉化過程需要人身保險行銷機構組織制定詳盡的行銷策略，才能將產品真正地推向市場並佔有市場。這些策略包括技術策略、組合策略和時機策略。

（1）技術策略

新產品的研發人員要努力提高目標產品的技術含量，要在保費厘定、保險金額、賠付方式、現金價值獲取方式等方面盡可能地開發出方便客戶的優點，讓投保人真正享受到新產品與其他產品不同的優質服務，並且要使這些技術上的優勢很難被其競爭對手效仿。這樣的產品才會在市場上長期占據優勝的競爭地位，才能為人身保險公司帶來長期利潤。

（2）組合策略

人身保險公司開發出的新產品可以和該公司的其他產品進行組合行銷以提高公司整體的行銷量，這也是人身保險行銷的一個重要策略。組合策略包括全面型策略和專業型策略。全面型策略指公司面向盡可能多的顧客，向他們提供各種各樣的人身保險產品，通過原有產品的穩定吸引力向原來的客戶推銷新開發產品，增加總體行銷量；或者用新產品的優質功能吸引新的投保人，同時向其推出本公司的其他產品。專業型策略是人身保險公司將自己的力量集中於某一特定市場，如開發的新壽險產品主要針對老齡人，新開發的醫療保險產品主要針對某一類型的病人等。這樣能集中公司的技術力量，不斷地改進、創新險種，充分發揮專業化的優勢，同時又能擴大市場份額，提高公司的聲譽。經過一段時期後，行銷部要對現有的組合策略進行業績評估，根據實際情況進行改進擴大或縮小組合。

（3）時機策略

在人身保險行銷時，要對新產品的推出時機做出準確把握，將其打入市場的最佳時機要與客戶對其有效需求最多的時刻相吻合，這樣新產品才能快速占領市場，並不斷擴大其市場份額。公司也可以選擇在某一特殊日期或有重要意義的日期推出新產品，提高新產品的宣傳力度和反應效應。或者最好選在經濟總體處於繁榮的時期，因為人們收入穩定時更願意進行支出。

總之，人身保險行銷對於新產品要採取靈活、機動的方式，對以上各種策略進行整體考慮，依據外部和內部市場環境、本公司的競爭優勢等來制定行銷策略，努力提高新產品的銷售額。

習題

1. 保險經紀人基於（　　）的利益，為投保人與保險人訂立保險合同，提供仲介服務並依法收取佣金。

　　A. 保險經紀人　　　　　　　　B. 保險代理人

    C. 保險人   D. 投保人
2. 人身保險行銷的服務包括（　　）。(多選)
  A. 諮詢服務   B. 保險合同變更服務
  C. 保單貸款服務   D. 體檢服務
3. 什麼是人身保險行銷？它有哪些特徵？
4. 人身保險行銷要進行哪些環境分析？
5. 什麼是網路行銷？它有哪些優點和缺點？

答案：1. D　2. ABC

8 人身保險核保與理賠

8.1 人身保險核保

8.1.1 人身保險核保概述

(1) 核保的概念及意義

人身保險的經營原理在於依據以往被保險人死亡、殘廢等的經驗數據編制的保險費率表。當有新人申請加入被保險人的行列時，他們將來的死亡或殘廢的可能性應當接近保險公司預先假定的經驗率。所以在保險實務中，保險人需要決定是否接受一份人身保險的投保申請，並且在接受投保人申請的同時，確定一個合理的費率基礎。這個過程被稱為「核保」。核保工作是指對投保申請進行評估，決定是否接受這一風險，並在接受風險的情況下，決定保險費率的過程。核保的關鍵是衡量申請人的預期損失是等於、大於還是小於保險人在標準費率表中的預計損失。一般而言，保險人的平均預期損失有一個上下浮動的範圍，對於在此範圍內的被保險人，費率採用標準費率表；對於超出範圍的被保險人或提高費率標準，或拒絕接受投保。

核保工作在保險市場競爭日益激烈的今天，具有重要的意義。

①通過核保，可以為投保客戶提供適當的保險費率。在保險公司細緻的核保工作中，可以盡可能地克服技術上的限制，不僅做到危險的分類，而且可以分辨同類危險程度的不同。

②通過核保，提供合理費率，可以維護公平，從而增強保險公司的競爭力。

③通過核保工作的開展，對危險進行必要的選擇，可以達成危險的有利分配，保證保險公司的正常經營與合理利潤。進行危險的選擇，並不是不要危險發生，這樣的話，保險公司的存在就沒有任何意義了。人身保險人所追求的，是不要發生超過一定費率所預期發生的人身危險。這包括兩個方面的內容：一是危險的品質分配，即選擇的危險不僅要是可保危險，而且每一類危險都應具有相當的一致性，即指對危險的種類、大小、金額等而言，要注意同種危險的細微差異有可能導致的保險責任的不同。二是危險的地域分配，即一類相同品質的危險如果集中在同一地區，也有造成巨大損失的可能性，因此承保時要注意危險的分散。

(2) 核保的基本原理

不同的保險公司都有自己的核保原則。這些原理之間有時是不一致甚至相互排斥的，很難在各個方面達成一致，但其基本原理都是一致的。保險公司通過考慮這些基

本原理，綜合分析各方面的因素，權衡得失，最終形成一套完整的核保標準。

常見的承保危險分為兩大類：標準身體組（Standard Group）和次健體組（Sub-Standard Group）。標準身體組就是那些被稱為正常的，可以按照標準費率核保的人群。標準身體組的人數應達到投保人的絕大部分，這是核保最一般的原理。過多的危險選擇和繁瑣的手續往往導致過多的拒保和單獨釐定費率的情況，這必然影響行銷隊伍的行銷積極性，加大經營成本，甚至損害公司形象。實踐中雖然無法做到預期死亡率與實際情況完全相同，但對總體來說，標準危險的基礎越廣泛，標準身體組的死亡率或傷殘率就越穩定。當然，這在一定程度上要受到公平性、競爭性等因素的限制。對於次健體的歸類和費率的制定是保險公司的一項重要工作。其目的首先是盡量減少死亡率和傷殘率的過度分類，以達到與公司經營管理成本之間的平衡；其次是避免競爭中的劣勢並實現保戶之間的公平。顯然，公司的業務量、市場行銷目標、保單種類、經營策略以及同業的其他做法都是保險公司在決定是否核保次健體和進行費率分類時所必須考慮的因素，同時以往的經營經驗是關鍵所在。

(3) 核保要素

核保要素也就是危險審核的內容，不同險種的審核要點不同。對於人身保險而言，個人保險與團體保險的核保要素有所不同。

①個人保險核保要素：年齡（對人壽保險至關重要）、性別（主要是女子妊娠、分娩等特定危險，這種特定危險死亡率的高低是與體質、環境、年齡及過去分娩次數密切相關的；女性的壽命一般會長於男性，在壽險當中也具有核保意義）、健康狀況（包括被保險人目前存在於身體器官上的殘疾或病症、既往疾病或外傷、家族病史等；有時還必須考慮被保險人個人健康記錄、嗜好、環境、信譽、個性、婚姻狀況、宗教信仰、駕駛記錄等相關因素）、職業（考察是否會由於特定職業而引發事故危險、健康危險、環境危險等，從而決定職業等級及適用費率）、經濟狀況（首要因素是審核被保險人的經濟收入與其申請保額是否適應，受益人是否存在特殊經濟需要，是否存在道德風險）、可保利益（投保人以第三人生命為保險標的要求具備投保利益，這是保險契約生效的前提）等。

②團體保險的核保要素：投保團體（要求是依法成立的法人組織，不是為參加保險而組成的組織）、投保人數（團體投保人數及比例是否合理，是否存在逆向選擇）、保險金額（對每位團體成員的投保金額是否合理，是否影響團體危險的評估）、職業危險因素（職業危險因素是團體核保的主要內容，包括職業類別、被保險人工作性質與工作環境等多個方面）。

8.1.2 人身保險核保的程序

核保工作一般是由保險代理人、保險公司的核保人或其他相關服務機構來完成的，是一個複雜的過程，一般可以分為四個階段：

(1) 接受投保單

由銷售人員通過訪問、調查等形式對保戶做初步選擇，剔除一些因體質缺陷不適於承保的情況。這是第一次危險選擇。

(2) 體格檢查

普通壽險和健康保險達到一定額度時，都要求被保險人通過指定醫療機構或專門人員進行健康狀況檢查。這是第二次選擇危險。

(3) 核保調查

對保戶所提供和需要進一步瞭解的情況，如既往病史、職業環境、經濟狀況等，進行核實調查。這是第三次危險選擇，可以由保險人自己進行，也可委託專門機構和人員進行。

(4) 核保決定

保險人根據投保單、體檢報告、被保險人補充的調查報告等各種文件，對被保險人的體質、環境、職業、心理及道德上的各種危險因素做出綜合評價，以決定承保與否以及承保所適用的費率。這是第四次危險選擇，也是最後的危險選擇，通常由保險公司的業務負責人完成。

8.1.3 人身保險核保的內容

由於人身保險核保涉及內容眾多，本節僅以人壽保險為例進行介紹。

(1) 危險因素

壽險的危險因素，是指有可能對死亡率造成影響的因素。由於壽險是以死亡率為基礎的，所以諸多能影響死亡率的因素在核保中就不能不予以考慮。只有在確定各種因素並綜合權衡後才能最終決定承保條件。具體而言有以下幾大類因素：

①生理因素。生理因素主要包括：

年齡。年齡是影響死亡率的首要因素，也是最重要的因素，因此，對年齡段的設定，是壽險最終是否承保及適用何種費率的重要參考。一般情況下，5歲之前和50歲以後的死亡率相對較高，5~50歲年齡段的死亡率則相對要低些。但即便是處於這一年齡段之間，年齡的不同，其死亡率仍有很大的差異。在醫學上，年齡對於判斷疾病的發生率、病種及治愈率都有一定的價值。這是因為在不同的年齡段，一些常見病的發生率是截然不同的。一般來說，年幼者的急性病的患病率高，治愈率高；而人到中年以後則是慢性病的患病率高，治愈率低。因此，在不同的年齡段，險種、保額等相應地都是有所不同的。

性別。性別是僅次於年齡而需要考慮的因素。一般情況下，女性的平均預期壽命除在妊娠期間外總是要高於男性的。而且男性社會交往頻繁，從事的危險性行業較女性要多，也更具冒險性，同時男性的不良嗜好也多，因此男性的意外發生率較女性要高得多。所以，在相同的條件下，很多國家都採取女性費率低於同齡男性費率的方式來計算保費。此外，不同的性別，對於壽險的需求也是不一樣的。一般而言，女性在壽險方面的需求相對要小些。這主要是因為，男性通常是家庭收入的主要來源，一旦男性出現不測，將會給整個家庭帶來很大的影響，因此男性通常更需要保險的保障。但隨著各國經濟的發展，在需求這一問題上也逐漸有些變化。

健康狀況。壽險的費率是根據人群死亡率而制定的，而一個人的健康狀況對死亡率的影響是至關重要的。在這一因素當中，首先得注意既往病史。過去曾患過某種疾

病或有外傷都稱為既往病史。疾病的出現可能會增大死亡率。但一般而言，急性類的疾病在治愈以後對人的壽命基本上是沒什麼影響的。而某些慢性類疾病，由於不容易治愈，所以對死亡率的影響相對也就大一些。所以，在核保時，這一點是不能不考慮的。其次是現有病症。現有病症指的是被保險人在參加保險時仍有的未被治愈的病症。在這一環節上，保險公司也要依據不同性質的病症做出不同的承保決定。最後是體格是否適度、血壓值、心跳頻率等是否正常。因為這些指標的正常與否預示著種種疾病的有無或將來發生的可能性。

家族史。這裡的家族史除了包括家族病史所涉及的家族遺傳和某些疾病遺傳傾向外，還包括家族平均壽命、家族背景、家族習俗等因素。人的生理病理的生命現象通常受到基因的影響，尤其是家族遺傳基因的影響。儘管基因對壽命長短的影響並未完全被解釋清楚，但基因在其中的作用是顯而易見的，所以上一輩的平均壽命也自然會影響到下一代的壽命預期。另外，家族的一些傳統習俗，總是會導致一些特定的疾病患病率的升高或降低。因此在核保時就必須區別對待，對於其中會升高或降低的疾病患病率必須進行綜合考慮，這樣才能做出適當的承保。

②非生理因素。非生理因素主要包括：

職業。職業的不同，其所具有的危險程度不同，對死亡率的影響也不同。職業按其危險程度可分為事故危險職業、健康危險職業、工作環境危險職業。在壽險核保時，這也是一個非常重要的因素。在瞭解被保險人職業時必須清楚其所從事職業的具體工作崗位、工種及工作性質，以確定其所屬哪一類職業，然後再確定是否承保及其費率。一般的壽險公司都有危險職業的最高保險金額及職業等級費率，以作為核保的依據。當職業變更時，應重新劃分職業類型，並確定新的保險費率。值得特別注意的是，某些曾長期從事危險職業的人儘管變更職業也仍需對其慎重考慮。

嗜好。在這裡，嗜好主要是指一些不良的生活習慣，如吸菸、酗酒，尤其是毒品的濫用等。這些都嚴重危害人的身心健康，甚至會增大突發死亡的可能性。

環境。環境包括自然環境和社會環境。自然環境主要是居住環境、工作環境等。社會環境則包括人際關係、周邊社會狀況等。好的環境對人的生存與發展無疑起著良好的促進作用，對降低死亡率的作用也是明顯的。而惡劣的環境，勢必會對人的身心健康造成不利影響，從而增大死亡率。因此，環境也就不可避免地成為壽險核保必須考慮的因素之一。

經濟狀況。一方面，看投保人是否有足夠的收入來承擔保費，另一方面，看受益人現有收入與將來可能的收益相差是否過於懸殊。對這一因素的考慮，也是為了避免出現道德風險。核保人員必須在接到保單的時候，根據所投險種和保險金額核查是否與投保人的年齡、職業、婚姻尤其是經濟收入相符。一般而言，保險人員對於保險的險種和保險金額都有明確的認識，如果險種與保險金額出現明顯的不相符，那麼此時進行重新審核是十分必要的。

投保動機。投保動機就是投保者參加保險的目的。投保動機可以從投保人、被保險人、受益人之間的保險利益關係中有所發現。它首要考慮的是是否存在道德風險問題。這可以結合被保險人的年齡、職業、健康狀況、經濟狀況、嗜好、以往記錄、是

否隱瞞重要信息以及投保險種繳費方式等方面予以考察。

保費繳納方式。一般而言，保費的繳納方式是採取自願的方式。它一般不影響保險合同的實質內容。但在實務中，繳納方式仍是作為是否存在道德風險的判斷依據之一。投保申請選擇躉繳的時候，道德危險相對要小一些，年繳方式次之。若投保人堅持以月繳方式投保高額保險，特別是有保險費豁免和意外事故加倍給付的險種，則核保人要進一步調查，以弄清真實原因，然後再做出決斷，必要時甚至可以考慮拒絕該種投保。

（2）信息收集

為了充分考慮各項危險因素，核保人員必須要有足夠的信息資料，並從中進行篩選、分析、判斷，最終得出準確、可靠的評估結果，為核保的順利完成奠定良好的基礎。信息的獲取一般來自以下幾個方面。

①投保單。投保單是核保的第一手資料，也是最原始的危險選擇紀錄。投保單其實只是投保人向保險公司提出需要提供危險保障的申請書，是投保人及被保險人的投保意願的書面報告。其內容涉及投保人和被保險人的基本情況。投保單是非常重要的資料來源。從投保單的各項填寫內容可以瞭解投保人和被保險人的一般情況，投保人、被保險人、受益人之間的關係，等等。核保就是要利用這些信息來判定被保險人的危險等級以及適用何種險種與保險費率。

②補充調查問卷。調查問卷主要是獲得補充告知和具體的健康狀況。儘管投保單上的內容涉及很廣，但對於有些具體的情況還不是很詳細，所以必須借助調查問卷來對情況進行更深入的瞭解，否則將無法進行正確的危險評估。這種形式尤其適用於那些保險金額不高，保險費也不多，而體檢費用卻又很多的情況。調查問卷一般包含疾病發病時間、病情發展情況、治療情況、目前的情況等一些項目，甚至還有些是專門為某類疾病所設計的。通過調查問卷形式能夠提高危險判斷的準確率。

③體檢報告。體檢報告在信息收集中也是非常重要的。體檢報告較其他形式具有更高的科學性、客觀性、準確度和直接性。其主要適用於那些保險金額達到一定額度的保單。在這種情況下，被保險人一般被要求到指定的醫院、醫療機構或人壽保險公司的專門體檢機構進行相關的項目體檢，以獲得足夠的健康資料。

④以往病歷。疾病由於某些特性，即便在一定時期內被治愈也仍有可能復發，或者留下後遺症等，因此增加了危險因素。能夠徹底治愈而又不會復發或無後遺症的疾病則對壽險評估無任何影響。對於前者，由於在當期可能無法覺察，這就得靠查閱以往病歷來進行瞭解，確定其危險程度。查閱被保險人的以往病歷一般必須徵得本人的同意。

⑤生存調查。生存調查即通過對被保險人的直接與間接的調查來獲取的相關資料。由於存在逆向選擇問題，所以在承保前後對被保險人進行深入、細緻的調查是十分重要的。生存調查有利於保險公司控制危險、穩健經營，同時有助於提高服務質量，維護廣大投保客戶的利益，提高保險公司信譽，還有助於查缺補漏，及時補救，杜絕逆向選擇。客戶調查一般分為直接調查和間接調查。直接調查就是面對面地對客戶進行查問。間接調查則是對除被保險人之外的其周邊的人進行查問。查問的內容主要是被

保險人的健康狀況、經濟狀況等是否符合投保要求。

⑥財務報告。這主要是針對高額保單而進行的。各國對高額的定義視具體情況而有所不同。由於高額保單的存在勢必會增加保險公司潛在的經營風險，所以一般保險公司都對其採取審慎的態度。一旦有高額保單，保險公司要求被保險人必須提供財務報告，以切實瞭解其投保目的、有無續保能力、保費是否與其收入相稱等。財務報告主要包括被保險人的職業以及投保人和被保險人的主要收入來源、資產狀況、以往保險狀況等。

(3) 風險評估

①風險評估的含義。風險評估也可稱作危險測算，即通過對已收集的核保信息進行風險狀況評估，並依據一定標準將保戶劃入某一風險等級。其實質是對風險進行定量分析。

②風險評估方法。風險評估方法通常是將各個保險標的按既定的標準劃入某一風險等級，而每一等級都有相應的風險系數，該系數即為劃入的保險標的的基礎風險程度系數。而保險標的的其他不同於基礎風險程度系數的風險系數則採用另外的風險程度系數，並根據這一部分系數的加總值來確定是否增加保費。

(4) 風險判斷

通過對保戶的計值、劃分，最終可將保戶納入特定的風險等級。壽險公司最常使用的風險等級組有標準身體組和次健體組，此外還有不可保組（Decline Group），又稱拒保體，主要是因為其風險太大，以致保險公司不能對其承保。但值得一提的是，這種風險判斷僅就某一家保險公司而言，並非所有保險公司的判斷。因為同一保險標的有可能在這家保險公司被定為標準身體組，而在另一家保險公司則可能被定為次健體組。

8.2　人身保險理賠

8.2.1　人身保險理賠的概念

理賠，顧名思義就是處理賠付，指保險人按照《中華人民共和國保險法》的規定和保險合同的約定，對保險標的發生的保險事故決定是否承擔保險責任以及如何承擔保險責任的處理過程。

理賠的發生，直接由索賠引起。索賠與理賠是一個問題的兩個方面，它們直接體現了保險合同當事人的具體權利和義務，實現著保險的職能。

索賠是指被保險人（或受益人）在保險標的遭受損失後，按照保險合同的有關規定，向保險人提出賠償損失的行為。它是被保險人實現其保險權益的具體體現。在索賠的過程中，及時通知原則的貫徹是十分重要的。首先，及時通知保險人可以使保險人能立即展開對保險事故原因、損失情況的調查，任何遲延都會使調查工作遭遇更多困難。其次，事故發生後通知越及時，則投保人、被保險人一方隱藏或銷毀證據的機

會就越小。最後，及時通知可以使保險人得以採取適當的方法，以防止損失進一步擴大。

8.2.2 人身保險理賠的原則和基本要求

人身保險公司要保證其保險經營的正常運行和健康發展，在理賠中應遵循以下原則。

（1）重約守信

保險人同投保人之間的權利與義務關係是通過保險合同來實現的。保險合同條款是保險人履行其義務、承擔賠償責任或給付責任的依據，對合同雙方當事人都具有法律約束力。對於保險合同中的各項條款，保險人都應嚴格遵守，恪守信用，既不要任意擴大保險責任範圍，也不要惜賠。

（2）實事求是

雖然保險合同條款對賠償責任做了原則性規定，但是在實際賠案處理過程中，各種案件形形色色，案發原因也錯綜複雜。在一些情況下，根據合同條款很難得到明確的答案，這時既要按合同條款辦事，又要考慮實際情況，要有一定的靈活性。實事求是原則要求對不同案件的具體情況進行具體分析，靈活處理賠案。在一些特殊情況下，對於被保險人的索賠，保險人還可通融賠付，即按照保險合同條款的規定本不應由保險人賠付的經濟損失，保險人在綜合考慮各種因素之後，仍然給予了一定的補償。這種通融賠付不是無原則的「送人情」，而是對保險損失補償原則的靈活運用。在考慮使用通融賠付時，必須注意要有利於保險業務的穩定和發展，有利於維持保險人的信譽和其在市場競爭中的地位，同時要適時、適度。

（3）主動、迅速、準確、合法

任何拖延賠案處理的行為都會影響保險人在被保險人和投保人心目中的聲譽。因此，理賠人員在辦理出險案件時要積極主動，不推諉，辦理賠案要盡可能地快，不拖延時間，給被保險人帶來便利。「準確」和「合法」就是要求理賠人員對保險事故的原因調查、定責定損以及賠償計算等，力求準確無誤，不發生錯賠和濫賠現象，同時分清責任，嚴格按照保險合同的約定和保險法規有關條款處理賠案。

8.2.3 人身保險的理賠機構

保險公司或其代理人收到被保險人或受益人的賠付申請或保險事故發生的通知之後，就開始一系列的理賠活動。從事理賠工作的可以是某一個人，也可以是某一機構組織；可以是保險公司內部的理賠機構或人員，也可以是保險仲介機構。具體主要有以下幾種。

（1）保險代理人

許多保險公司都利用自己的代理人從事理賠工作，但其權力通常只以小額給付為限。保險代理人對被保險人比較熟悉，可以通過多種渠道來瞭解保險事故的事實，並容易使被保險人與保險人達成雙方都滿意的解決辦法。但是，也有的代理人為博取被保險人的好感，常常會無原則地賠付，使保險公司蒙受損失。

(2) 公司理賠員

每一家保險公司都有一批支薪的理賠人員，組成通常所說的理賠部。業務區域較廣的保險公司，還可能在分公司也設置若干理賠員。有些保險公司更是在各地設置「理賠服務處」，以方便被保險人，迅速處理賠付工作。這些理賠人員往往不太熟悉被保險人的情況，但較代理人而言卻更熟悉理賠手續和技術。因此，對於情況複雜或賠付金額較大的賠付案件，這些專業理賠人員的經驗是十分有價值的。

(3) 理賠服務機構

有時候在同一地區經營人身保險業務的一群保險公司，會聯合起來設立專門處理理賠案件的機構，美國稱之為理賠局（Adjustment Bureau）。這些理賠機構通常都在區內各地設置分支機構，形成一個處理賠付案件的網狀組織。每一個保險公司只需負擔部分經費，就能為自己的客戶，也為自己提供全面、有效的服務。

(4) 獨立的理賠人

這屬於一類有專業技術、有經驗的獨立、合格的第三人機構，是專門處理一種賠償問題的專業理賠人。對於不設置理賠機構的保險公司而言，獨立的理賠人制度提供了一種現成的解決辦法。保險公司通常將一張獨立理賠人的名單給予投保人，並告知其有保險事故發生時，可接洽最近的一個理賠人進行處理。

對人身保險業務來說，比較適合的是設立專門的理賠部門或理賠機構，由理賠專家來處理各種賠付案件。

除此以外，人身保險公司在進行理賠時，無論是通過自己的理賠人員還是通過理賠機構，都需要依靠一些仲介組織或個人的服務，在他們的幫助下來完成各種保險賠付。這些仲介機構和個人主要有：

①檢驗機構。被保險人發生保險事故的原因一般都比較複雜，保險事故是否屬於保險責任範圍，保險公司一般很難對其做出判定，這就需要一個專業的、中立的、權威的檢驗機構來做出最後的判決。由於檢驗機構的權威性，其出具的檢驗報告一般具有法律效力，往往作為最終的判決。除此以外，被保險人的傷亡程度也需要有關醫療機構出具證明，作為最終賠償的依據。

②保險公證行。它是由政府審核批准成立的專門為保險做公證的私人機構，目的是在處理保險賠付時使保險雙方得到公平的裁決。保險公證行也是一種保險仲介，但它不代表任何一方的利益，也沒有最終的裁判權，只是為保險理賠工作做出可以作為訴訟依據的證明。保險公證行按賠款總數的一定比例收取公證費。

③律師行。有些保險賠付的解決不能在保險雙方中達成一致的協議，最終往往需要通過法律來解決，這就不得不需要律師的幫助。這裡的律師指的是專業的保險律師，由這些律師構成的民間機構即律師行。在保險賠付需要通過法律來解決時，律師行就會委派其律師為委託人進行辯護，可以為保險公司服務，也可以為被保險人服務。律師行要為其付出的勞務收取一定的佣金，佣金的支付一般由敗訴方承擔。

8.2.4 人身保險理賠的程序和內容

人身保險理賠的程序一般包括以下幾個環節：被保險人提出索賠申請→保險公司

受理賠案→保險公司進行理賠審核→保險公司決定是否給予賠償給付。如果有糾紛還要進行糾紛的仲裁。

(1) 被保險人進行索賠的前提

被保險人發生保險事故後要向人身保險公司進行索賠。但在申請賠付之前，受益人（或被保險人本人）必須先自己或在售後服務機構或代理人的協助下審視是否已具備索賠的前提。

被保險人索賠的前提條件包括：①發生了保單規定的保險事故，並使得被保險人的利益受到損害，而且這種損害也是保單條款中保險責任範圍之內的；②在規定時間之內已通知保險人；③能夠向保險人提供發生保險事故的一切證據，並可以說明詳細情節；④索賠行為是符合法律規定、保險基本原則以及保險類型的；⑤在保單規定的給付金額範圍內索賠。

(2) 正式提出索賠申請

首先要求申請人到指定的理賠機構或部門，填寫人身保險保險金給付申請書，而且這一行為必須發生在規定時期之內。《中華人民共和國保險法》第二十九條規定：「人壽保險以外的其他保險的被保險人或者受益人，向保險人請求賠償或者給付保險金的訴訟時效期間為二年，自其知道或者應當知道保險事故發生之日起計算。」

(3) 保險人進行理賠審核

人身保險公司由於競爭、防止騙賠和錯誤索賠的需要，必須對被保險人的索賠要求進行審核，以決定是否賠償，即進行理賠審核。審核人員一般有4個級別：核賠員、核賠主任、核賠經理和高級核賠經理。每級核賠人員都有不同的權限，在自己的權限內，核賠人員可以自行決定核賠事宜，若超出自己的權限範圍則應向上級匯報請示。

(4) 索賠問題的解決——賠償給付

保險人在規定的時間之內對申請人提出的保險金給付申請予以調查，在落實了上述各種疑問並認為沒有其他疑慮時，填寫賠付證明材料，並履行給付義務。

一般來說，保險人實行的是一次性現金給付，但當受益人要求行使其保單所賦予的給付選擇權時，可以根據受益人的要求在給付金額範圍內做出安排。一般而言，人壽保險合同所載的除外責任和條件很少，保險金的給付工作較容易辦理；而有關加倍給付保險金和疾病傷害的賠償較慢，因為這需要一系列中間過程，如被保險人傷亡程度的檢驗報告、傷亡的意外事故證明書以及被保險人出（入）院醫療費用證明等。《中華人民共和國保險法》對保險賠償給付做出了明確規定：保險人對審核後符合賠償條件的，應在與被保險人或受益人達成有關賠償協議後的10日內給付，另有約定的依約給付；對審核不符合賠償協議的，應當發出拒絕賠償通知書；如果在收到賠償請求60日內對賠償金額不能確定的，應當依據已有證明和資料可以確定的數額先予支付。

但是，保險人如果在調查之後認為申請人所提出的索賠要求不符合有關規定，可以拒付；如果認為尚有疑點，可以與受益人協商延遲給付日期，若不能達成協議，可以交由仲裁人判決。

(5) 賠付糾紛的仲裁

當保險人與受益人因有關賠付的問題而不能達成協議時，可以應用保單內關於仲

裁的規定。事實上，仲裁的結果對合同雙方都具有約束力，因此，除非有詐欺行為存在或另有證據，否則法庭一般不會有反對仲裁結果的意見。

習題

1. 人身保險核保工作包括以下（　　）階段。（多選）
   A. 接受投保單　　　　　　　　B. 體格檢查
   C. 核保調查　　　　　　　　　D. 核保決定
2. 下列屬於人身保險核保內容的是（　　）。（多選）
   A. 生理情況　　　　　　　　　B. 收入情況
   C. 興趣愛好　　　　　　　　　D. 遺傳病史
3. 下列屬於核保信息收集途徑的是（　　）。（多選）
   A. 病歷　　　　　　　　　　　B. 投保單
   C. 職業證書　　　　　　　　　D. 房產證
4. 下列屬於理賠的要求的是（　　）。（多選）
   A. 主動　　　　　　　　　　　B. 迅速
   C. 準確　　　　　　　　　　　D. 合法
5. 下列屬於理賠機構的是（　　）。（多選）
   A. 代估機構　　　　　　　　　B. 公估機構
   C. 經紀機構　　　　　　　　　D. 理賠機構
6. 簡述人身保險的主要風險因素。
7. 結合實際談談如何提高中國人身保險核保的質量。

答案：1. ABCD　2. ABD　3. AB　4. ABCD　5. AD

9 人身保險資金運用

9.1 人身保險準備金

9.1.1 人身保險準備金的概念

所謂人身保險準備金，是指保險公司在進行人身保險業務的過程中，為保證其能夠如約履行保險給付（或賠償）義務而提取的、與其所承擔的保險責任相對應的資金，也即保險公司為償付未來保險期間內可能出現的負債而提存的一定資金，金額上等於保險公司還未履行保險責任的已收保費的淨值。為了保障保險客戶的利益，各國一般都以保險立法的形式規定了保險公司應提存的保險準備金，以確保保險公司具備與其保險業務規模相應的償付能力。它實際上包括資本金、公積金、總準備金、其他任意準備金（除未到期責任準備金和賠付準備金之外的準備金）以及未分配利潤等。

9.1.2 人身保險準備金的構成

（1）壽險責任準備金

壽險責任準備金是人壽保險公司為承擔未到期的人壽保險責任而按規定從壽險保費中提取的專項資金，是為確保人壽保險公司有足夠的償付能力來履行其賠償與給付責任而提存的。此類準備金的提取是針對的是1年期以上的長期人壽保險，主要來源於投保人的一次性躉繳保費或投保人分期繳付的保險費。長期健康保險責任準備金是壽險公司為承擔未來長期性健康保險責任而按規定提取的準備金，其原理與壽險責任準備金一致，因此下文將兩種責任準備金一併加以介紹。

從理論上講，壽險公司提存的責任準備金應等於投保人繳付的純保費及其所產生的利息扣除當年應分攤的死亡成本費的餘額。

在計算責任準備金時，首先假設保險人在年初收取保費，而在年末支付保險金；然後再依據生命表和法定評估利率進行具體的計提。它的基本計算原則是收支平衡，即一定時點上保險人收取的保費應等於保險人支付的保險金額。用公式來表示，有未來法與過去法兩種方法。

未來法：責任準備金＝未來保險金支出的現值－未來純保費收入的現值。

過去法（追溯法）：責任準備金＝已收取純保費的終值－已支付保費的終值。

以上兩種方法是針對均衡純保費提出的。事實上，由於各種營業費用的存在，保險公司開辦之初的各項支出往往會超過附加保費所帶來的收入。因此，各保險公司在

實際操作中把均衡純保費準備金制度進行了修改，把公司設立之初所收取的純保費的一部分用於彌補營業開支，再用以後年度的附加保費分攤這部分被占用了的純保費。

(2) 未到期責任準備金

人身保險中，有類似財產保險的險種，如1年期以下（含1年）定期壽險、健康保險和人身意外傷害保險等需要提取未到期責任準備金。由於保險公司的會計年度與保單有效期不完全一致，按照權責匹配的原則，保險公司不能把當年的保費收入全部計入損益，而應將保費在各保險責任期內進行分攤。因此，所謂未到期責任準備金，又稱未了責任準備金，是指保險公司在年終會計結算時，把屬於未到期責任部分的保費提存出來，用作將來賠償準備的基金。留在當年的部分屬於當年的收入，稱之為已賺保費，轉入第二年度的部分屬於下一年度的收入，稱之為未賺保費，這部分構成了未到期責任準備金。如果嚴格按照未到期責任準備金的定義進行提取，則應先計算出每份保單的未到期責任，再按未到期責任的比重求出應提取的準備金，這種方法理解上比較直觀，但工作量太大，在實際操作中往往不易做到。因此，目前一般採用年平均估算法（1/2法）、月平均估算法（1/4法）和日平均估算法（1/365法）三種近似計算方法。

(3) 未決賠款準備金

未決賠款準備金，簡稱賠款準備金，是針對保險事故已經發生，但尚在調查過程中，或者賠款（給付）金額尚未確定或尚在訴訟當中，或保險事故已發生但投保人尚未提出給付或賠款要求等情況，在會計年度決算時提取的一種準備金，是保險公司在會計期末為本期已發生保險事故應付而未付賠款所提存的一種資金準備。

未決賠款準備金一般逐案估算，具體包括以下幾種情況：①被保險人已經提出索賠，但被保險人與保險人之間尚未對該保險事故是否屬於保險責任範圍內、保險賠付額應當為多少等事項達成協議，這類賠案被稱為已報未決未付賠案。②被保險人已經提出索賠，但由於索賠案件的理算需要很長時間，為顧及被保險人的權益，保險人根據有關規定給付被保險人或受益人最低的應付賠款，然後提存適當準備金，以備將來理算完畢後可能還要發生的給付，這類賠案被稱為已報未決已付賠案。③保險事故已經發生，被保險人或受益人已向保險人報案，並且保險人對索賠案件已經理算完畢，應賠付金額也已經確定但尚未支付賠款，這類賠案被稱為已報已決未付賠案。④保險事故已經發生但尚未報告，這類賠案被稱為已發生未報告賠案。未決賠款準備金的計提一般有個案估計法、平均值法和賠付率法三種方法。

(4) 其他準備金

①存入分保準備金。保險公司承保保額巨大的保單和次健體保險時，基於安全和技術等原因往往要進行同業間的再保險業務。一般保險公司在再保險合同中會約定留存一部分再保險費，以備支付賠款或返還再保險費之用，為此而提取的準備金就是存入分保準備金，也稱再保準備金。

②保險保障基金。保險保障基金是保險公司從當年自留保費中按照一定比例提取的保險基金，提取比例一般由保險法規規定。一般只對人身意外傷害保險、短期健康保險等短期人身保險業務提取保險保障基金；而壽險業務、長期健康保險業務則不必

提取保險保障基金。

③盈餘分配準備金。盈餘分配準備金又稱紅利分配準備金，有的保險合同在規定給付保險金額外，還規定保單持有人享有盈餘分配的權利，如人壽保險的分紅保單。人壽保險公司對分紅保單持有人所應分配的盈餘，在年度結算但分紅方法尚未確定時，其所需金額必須提存的準備金就是盈餘分配準備金。這種準備金一般由保險公司自行規定。

④特別危險準備金。特別危險準備金又稱特別準備金，是針對一般傳染病、非預料的其他賠款、負債特別巨大的災病或巨額保險金所提取的準備金。有的保險公司不設特別準備金，而以特別盈餘基金替代。特別盈餘基金是保險公司自發性提取的盈餘基金，用於應付廣泛的意外事故。特別危險準備金沒有一定的計算標準，有根據數學危險計算的，也有根據經驗推定的。此外，有的保險公司為了避稅或減少盈餘分配，往往會通過提高準備金以降低利潤，因此大多數國家都規定了特別危險準備金的最高限額。

9.2　人身保險資金的來源、特徵與運用原則

9.2.1　人身保險資金的來源與特徵

保險公司的本源業務是保險業務，但由於其保費收取在前、保險金支付在後的經營特點所產生的時間差，以及人身保險負債結構的特殊性，使得運用人身保險資金進行投資成為人身保險業重要的衍生業務。保險公司的資金來源對保險資金運用具有如下影響：一是資金來源的規模在客觀上決定著保險資金運用的規模；二是資金來源的特點及其相互間的關係影響著保險資金運用的形式和結構。例如，長期閒置的資金可用於長期投資，而短期的資金來源所形成的短期負債則不能用於投資或只適合進行短期投資。

對於保險公司來說，也並非所有的資金都能運用。這是因為保險事故的發生具有隨機性和不確定性，保險公司在任何時候都必須保留相當數額的存款資金以備賠付之用；同時，保險公司的各項營業費用（如工薪支出）、稅收等亦需經常動用資金。因此，各國保險法律與政策規定保險公司只能運用其總額貨幣資金中的一部分，主要包括資本金的絕大部分、保險總準備金與各種責任準備金。

（1）人身保險資金的來源

①資本金。資本金是保險公司的開業資金，也是備用資金，是保險公司成立之初由股東認繳的股金或政府的撥款以及個人擁有的實際資本。各國政府一般都規定保險公司的開業資本金須有一定的數額。資本金絕大部分處於閒置狀態，從而可以成為保險資金運用的重要來源。

②資本保證金。保險公司在成立之後，要按照其註冊資本總額的一定比例提取資本保證金，並存入監管當局指定的銀行。保險公司除用於清償債務外，不得動用該部

分資金。在中國，資本保證金可以以存款形式專戶存儲在保監會指定的銀行。

③各種準備金。各種準備金是保險公司為履行其未來理賠或給付責任而從收取的保費中提存的負債，因保險業務種類不同，準備金的期限特點也各不相同，因此可以進行相應的投資業務。人身保險業務提存的準備金中占主體的是壽險責任準備金、長期健康險責任準備金、未到期責任準備金和未決賠款準備金四種。其中，短期人身保險業務提存的準備金包括未決賠款準備金和未到期責任準備金，而長期人身保險業務提存的準備金包括壽險責任準備金和長期健康險責任準備金。

④留存收益。留存收益包括保險公司的資本公積金、盈餘公積金、總準備金以及未分配利潤。

資本公積金和盈餘公積金。保險公司的資本公積金用於彌補公司虧損、擴大公司業務經營規模或轉為增加公司資本金。盈餘公積金包括法定盈餘公積金、法定公益金、任意盈餘公積金等。

總準備金。總準備金是保險公司在提足各項準備金後，在向投資者分配利潤之前，經公司董事會及監管當局批准、按一定比例從稅後利潤中提取的資金，是保險公司為週期較長、後果難以預料的巨災和巨額危險而提取的準備資金。

未分配利潤。這是指保險公司每年用於累積的資金，屬於股東權益的一部分。一般可以長期運用。

⑤保險保障基金。保險保障基金是根據保險財務制度的規定，從當年的自留保費收入中按一定的比例計提，並用於防範保險公司可能出現的經營風險而設立的基金。在中國，保險保障基金可以用於四大國有商業銀行存款或購買國債。

（2）人身保險資金的特徵

人身保險資金具有以下兩個特性：

①負債性。保險公司通過出售保單獲取資金，其產品特徵就決定了公司的負債特徵。從保險公司的資金結構來看，可將其資金分為所有者權益和負債兩類，其中負債是主要部分，主要形式是各種準備金，通常壽險公司準備金要占總資產的80%～90%。

②長期穩定性。負債的期限結構取決於公司的險種結構。一般來說，壽險公司發售的保單多為10～30年的長期保單，由此決定了其負債主要是長期的。這比銀行等其他金融機構的資金更具穩定性。

9.2.2 人身保險資金運用的原則

同其他各種資金的投資相似，人身保險資金運用既要看到宏觀的、長遠的利益，也要注重微觀的、短期的效益，從而必須遵循一些共同的原則。綜觀世界各國保險公司資金運用的原則，雖然提法各異，但都具有一般的共同要求，也就是保險資金運用的安全性、收益性、流動性與社會性。

（1）安全性原則

所謂安全性，是指保險公司的資金運用必須保證其本金安全返還的原則。人身保險資金的絕大部分是責任準備金，具有共同準備財產的特點，在資產負債表上是負債項目，所以運用上應以安全性為第一原則。具體而言，其方法有：

①迴避政策。該政策規定投資的實施是在保險公司健全的財務機構組織下，基於科學的、有組織的調查分析後實行的，要避免憑主觀、直覺或經驗，而要基於經濟狀況、就業形勢及各種企業的經營現狀進行綜合把握。

②分散政策。分散政策包括類別分散和區域分散兩種。類別分散，指增加資金或責任準備金投放的途徑（種類），分散資金的用途，以免遭遇風險，動搖保險公司的基礎。區域分散就是在運用資金時，不要集中於某一地區，而是分散於不同地區甚至不同國家，以求安全。

③緩和政策。緩和政策是保險公司為避免實際發生投資損失而影響收支平衡所採取的一種必要措施。其主要內容是充分提存各種準備金，若能提取所謂的投資損失準備金則更好，可以用以填補投資損失，以免影響公司的正常經營。此外，還應考慮貨幣資金的時間價值等因素。

(2) 收益性原則

保險公司收取的保險費，是已考慮了一定的預定利率因素之後的保險商品價格現值。資金的運用必須超過此預定利率，才能保證在預期賠付率下的保險償付。實際中，投資收益越大，意味著風險越大。如何兼顧安全性與收益性，是投資技術的重要課題。專業投資人員利用各種工具尋找一個相對合適的平衡點，以此為根據從事保險資金的運用。從結果來看，平衡點是否合適，對資金運用成果的影響是十分巨大的。

(3) 流動性原則

流動性指的是人身保險資金運用資產迅速變現的能力。大多數人身保險合同是長期性的，因而具有儲蓄性質。就整體而言，保險合同的期限是多種多樣的，不可能出現所有合同同時到期的情況，同時保險資金還有不斷累積的趨勢。一般認為，人身保險資金投資的高度流動性意味著其投資政策不健全。因為流動性越強，收益性越低。保險公司可以平日將主要的資產放在長期投資上，而只將其中一小部分進行流動性投資。但需要注意的是，對於個別險種如短期意外傷害保險、健康保險等來說，投資的流動性仍然是一個重要的要素。當然，就人身保險總體而言，也應適當考慮資金的流動性，大多數合約是有現金價值的，或是允許保單借款的。當一國通貨膨脹比較嚴重，貨幣貶值恐慌發生，要求解約支付現金或是憑保單申請貸款的需要就會突然增加，此時保險公司可以以其固定投資資產作為保障，獲得巨額的銀行融資。如果保險公司仍無法滿足此時的現金需要，就只有將投資資產變現以應急需，否則會導致資金週轉困難，經營陷於被動狀態。

(4) 社會性原則

這是保險公司運用保險資金追求效益時應考慮的因素之一。人身保險資金的長期性特徵決定了將其投資於某些公共事業是可能的，而將保險資金投資於發揮社會的或經濟的最大效用的各項事業，如交通事業、全民衛生保健等，也是保險公司經營的一個重要的方面。貫徹這一原則可以提高公眾的福利，擴大保險的社會影響，提高保險業的聲譽。但這種投資當然是以不妨害投資的安全性、收益性等原則為前提的。

9.3 人身保險資金運用的形式及其投資組合

9.3.1 人身保險資金運用的形式

從理論上說，人身保險資金運用可以選擇資本市場上的任何投資工具。但縱觀世界各國保險公司的投資發展情況，它們的投資選擇往往受到收益性、風險水平、流動性等的限制。其投資形式雖然多種多樣，但主要包括銀行存款、有價證券、貸款、不動產投資、項目投資等形式。

（1）銀行存款

銀行存款是最簡單的投資方式。保險公司將保險資金存放在銀行及可以辦理存款業務的非銀行金融機構以獲取利息收入，一般以定期存款形式出現。這種資金運用形式中，銀行為保險資金的投資仲介，其特點是安全性較高。現階段，中國壽險資金運用的主要組合是銀行存款，尤其是協議存款，收益相當不錯。但根據國外保險公司資金運用的實踐，銀行存款往往不是保險資金運用的主要形式，各保險公司的銀行存款只是留作必要的、臨時性的機動資金，一般不會保留太多的數量。

（2）有價證券

有價證券，是指具有一定券面金額、代表股東所有權或債權的憑證。它作為資本證券，屬於金融資產，持有人具有收益的請求權。證券投資作為各國保險公司資金運用的主要形式，可以分為債券、股票、證券投資基金三大類。

①債券。債券這種具有返還性且有固定收益的投資工具具有較高的安全性，流動性也比較強，同時有一定的收益性，是比較適合人身保險資金的投放的。它一向被認為是最適合壽險公司投資的投資工具，事實上也一直是人身保險資金運用的首選投資形式。依據債券發行主體的不同，債券可以劃分為政府債券、金融債券和公司債券。

第一，政府債券。政府債券是國家和地方政府發行的公債，定期償還本金和支付預定利息。其信用高，可享受稅收優惠，收益水平也較高。

第二，金融債券。金融債券是由金融機構（主要是銀行）發行的債券。

第三，公司債券。公司債券是企業為籌集資金而發行的借債憑證，利息一般比較固定。

上述三種債券中，政府債券信用最高，其風險幾乎可以認為是零。

從債券投資的實踐來看，它擁有比股票更好的自由流動性和收益安全性，所以債券的行情時時刻刻反應著整個投資市場的全貌。以美國為例，其壽險公司以往對債券的投資一直占總投資的30%~35%，後來雖然在不斷下降，但是依然僅次於股票。

②股票。保險公司進行股票投資的優點在於其可轉讓，方式靈活，並且能夠享有股東所具有的盈餘分配權、剩餘財產分配請求權、新股認購權、表決權等多項權利，能夠獲取較高的投資收益和資本利潤等。股票投資的缺點在於股票價格的變動往往難以準確預測，風險較高，其安全性亦低於其他有價證券。因此，國外保險公司既高度

重視股票投資,又在股票投資中相當審慎。不過,保險公司對股票投資的重視程度一直在持續增強,股票投資在西方國家保險資金運用中所占的比重也在不斷增加。隨著保險公司負債的變化,特別是利率敏感型產品的開發和金融機構間競爭的加劇,保險公司對流動性強和收益性高的資產的需求增加,所以保險公司對股票的投資比例在不斷地上升。

③證券投資基金。證券投資基金是指保險公司通過發行基金證券集中投資者的資金,再交由專家從事股票、債券等金融工具投資,投資者按投資比例分享其收益並承擔風險的一種投資方式,屬於有價證券投資範疇。目前,中國保監會只允許保險公司在債券市場上參與證券投資基金的一級市場配售、二級市場買賣,並且限定了購買單只基金的比例及其占總資產的比例。

證券投資基金的投資對象既可以是資本市場上的上市股票和債券,也可以是貨幣市場上的短期票據(也稱銀行同業拆借)、金融期貨、黃金、期權交易、不動產等,有時還包括雖未上市但具有發展潛力的公司債券和股權。作為一種金融市場媒介,證券投資基金實際上是一種金融信託形式。它存在於投資者與投資對象之間,起著把投資者的資金轉換成金融資產,通過專門機構在金融市場上再投資,從而使貨幣資產得到增值的作用。

(3) 貸款

貸款是指保險公司作為信用機構,以一定利率和必須歸還等為條件,直接將保險資金提供給需要者的一種放款或信用活動。貸款作為保險公司資金運用的主要形式之一,按其形式又可以分為以下四種:

①抵押貸款。由於保險公司調查借款企業的資信比較困難,所以大多數貸款採用的是抵押貸款方式,即財產擔保貸款。它分為動產或有價證券抵押、不動產抵押、銀團擔保銀行保付等,貸款利率高於銀行存款,是期限較長而又比較穩定的投資業務。謹慎選擇的抵押貸款通常有較高的安全性和較高的收益率,特別適用於保險公司保險資金的長期性運用,如世界各國保險公司對住宅樓宇長期抵押貸款就大多採用分期償還、本金遞減的方式,收益均很好。但是,抵押貸款沒有二級市場,投資者一般持有到債務期滿,因此流動性風險較大。

②流動資金貸款。它是指以需要流動資金的企業為對象而發放的貸款。它屬於短期性投資,要求申請貸款的企業必須具有法人資格並接受保險公司的調查,以確保資金能夠按期回流。

③技術改造項目貸款。它是指保險公司為支持企業進行技術改造、技術引進並由此而獲取收益的固定資產投資性貸款。它以申請者的科學立項和切實可行的計劃為依據,由保險公司投資部門審慎把握,並保證貸款的專款專用。

④保單質押貸款。它是在壽險保單具有現金價值的基礎上,根據保險合同的規定,壽險公司應保單持有人的申請而發放的貸款。其貸款以壽險保單為抵押,到期歸還本金並附帶利息。它實際上是在保險給付金請求權上設立抵押權,一般按保單現金價值的一定比例貸款。保單貸款金額受保單現金價值的限制,貸款額度不會超過此現金價值,如果被保險人退保,或保單因其他原因失效,或發生死亡理賠及到期應給付保險

金，保險公司可以從退保金、保險金中扣除貸款的本金和利息。由此可見，這種貸款十分安全，風險小，既可以作為一種競爭手段，增強保險人的競爭力，又可以用活資金以增加收益。

(4) 不動產投資

不動產投資，也就是房地產投資，是指保險公司投資購買土地、房產，並從中獲取收益的投資形式。保險業對不動產的投資大體包括兩類：一類是保險公司因自身經營需要而取得的不動產，包括辦公樓及附屬建築（為便於交易所需的不動產），另一類是保險公司為了取得投資利益而投資的不動產，如投資於可改良或開發的地產，從事與正常營業無關的商業性房地產買賣等。這種投資的特點是保值程度高，其價值一般都是看漲的，往往成為抵禦通貨膨脹的手段之一。不動產投資所需資金量大，變現能力差，而以長期性為特點的人壽保險資金並不受其影響。所以很多大型保險公司對不動產投資情有獨鐘。

(5) 項目投資

項目投資，屬於保險公司直接投資，是保險公司利用其所擁有的保險資金直接投資到生產、經營中去，或建立獨資的非保險企業，或與其他公司合夥建立企業，並以此獲取投資收益。通過項目投資建立的獨立的企業，具有獨立於保險公司之外的法人資格，其經濟效益要受市場的檢驗。因此，項目投資作為保險公司的一種投資形式，在保險資金運用中佔有一定的地位。

9.3.2 人身保險資金運用組合分析

由於保險業自身的特殊性，世界各國對保險業一般都實行嚴格的監管，其中對保險業投資的監管是各國對保險業進行管理的一個重要組成部分。受人身保險負債的特點、資本市場的發展程度等因素的制約，人身保險資金運用一貫以「穩健」著稱。傳統的人身保險資金運用形式以期限長、風險低的固定收益債券和抵押貸款為主。隨著壽險產品的創新，利率敏感型壽險和年金產品的開發，來自其他保險公司和金融機構競爭的加劇以及金融市場的發展，現代人身保險資金運用的形式越來越多樣化，同時保險資金運用的證券化趨勢也日益明顯，風險高但收益大的股權投資比重不斷上升。在金融市場健全的國家，單個保險公司對保險資金運用形式的選擇主要考慮兩個關鍵因素：一是公司負債的性質；二是政府監管當局對保險資金運用形式的限制。

(1) 人身保險資金運用結構

投資風險和收益之間存在正向的替換關係，因此投資者在進行投資時必須考慮其所能承受的風險水平，或者其所想獲得的收益水平，而這要取決於投資者的風險偏好。為了分析一家保險公司的投資組合情況，我們可以通過對保險資金運用結構進行分析來瞭解。所謂保險資金的運用結構，是指保險資金運用投向的構成及其數量的比例關係。隨著市場經濟高度發展和金融資產多樣化，保險公司的投資形式也日益增多。多樣化的投資形式，一方面適應了社會經濟發展的需要，另一方面也降低了保險資金運用風險和投資風險。

在實務中，往往通過計算各種保險資金運用形式的投資額占資產總額的比例來反

應人身保險資金的運用結構。資產負債表中各項資產的比例，有助於我們瞭解該保險公司的資金運用結構，再加以分析就能夠對當前該保險公司的經營業績做出評價或提出建議。由於各國經濟發展和管理上的差別，各國保險公司在資金運用結構上也不盡相同。研究人身保險資金運用結構問題的宗旨就是要實現一個結構最佳——使各種資產搭配形成最佳組合，實現資金運用結構的合理化。人身保險資金運用客觀上需要按照保險資金運用原則，在兼顧收益性、流動性、風險性的條件下，合理確定和調整人身保險資金的運用結構，以提高人身保險資金的使用效果。

（2）人身保險資金運用組合的發展

人身保險資金運用成為關係到保險公司生存與發展的重要手段和各國資本市場舉足輕重的力量，是隨著資本主義市場經濟的發展和保險市場競爭的日趨激烈而發展起來的。從理論上講，人身保險資金運用可以選擇任何一種投資形式，但實際的人身保險資金運用組合往往是多種因素綜合的結果。國際上人身保險資金運用組合經歷了從被動、保守的以銀行存款和抵押貸款等固定收益投資形式為主的債券貢獻投資組合，到積極、進取的以債券和股票等證券化資產為主的投資組合的演變。人身保險業的結構性變遷大大提升了保險公司在金融市場上的地位。在西方國家，壽險公司和養老基金、共同基金已並列成為金融市場上三大重要的機構投資者，由此壽險公司的投資組合也發生了深刻的變化。

第一，各國保險公司對人身保險資金運用收益的要求提高，投資組合戰略也更為積極。為了提高人身保險產品與其他金融產品的競爭力和吸引力，保險公司從靈活性和收益性出發，紛紛進行險種創新。為使這些新產品能提供和其他金融產品一樣乃至更高的實質性收益，保險公司就必須採取更為積極的投資組合戰略。與此同時，這些新險種的購買者更多追求的是短期投資收益，與此相關的本金和利息支付期限的縮短，都要求保險公司在制定投資組合戰略時要更加注重資產的流動性和短期收益性。

第二，保險公司的投資組合出現了證券化趨勢。一些高風險投資工具，如非投資級的證券和衍生金融產品，包括期貨、期權、貨幣和利率互換等也經常出現在人身保險資金運用組合中。一方面，由於創新型險種對保險公司投資組合的流動性和收益性要求提高，而各種形式的證券流動性強，收益也不錯，因此高風險、高收益的債券以及各種抵押貸款支持的證券、股票均已成為保險公司的主要投資方式。人身保險資金運用組合中增加了收益高、流動性強的投資工具，使得保險公司的投資組合普遍出現了明顯的證券化趨勢。另一方面，一些垃圾股票和垃圾債券因其可能的高收益也開始進入一些保險公司的投資組合。而衍生金融產品的風險雖大，但其可以緩衝某些內在金融風險的作用，這也使得許多保險公司將其作為人身保險資金運用的風險管理手段。此外，保險業的國際化、保險公司資金來源的國際化要求人身保險資金運用資產組合的國際化，因此，保險公司的海外投資比重不斷上升，從而既可分享國際金融市場的收益，也可增強投資組合在地域上的分散程度。

習題

1. 下列屬於人身保險公司準備金的是（　　）。（多選）
   A. 壽險責任準備金　　　　　　　B. 長期健康保險責任準備金
   C. 未決賠款責任準備金　　　　　D. 未到期責任準備金
2. 下列屬於人身保險公司投資資金來源的是（　　）。（多選）
   A. 準備金　　　　　　　　　　　B. 資本金
   C. 保險保障基金　　　　　　　　D. 保費收入
3. 人身保險投資的原則有（　　）。（多選）
   A. 投資性原則　　　　　　　　　B. 增長性原則
   C. 安全性原則　　　　　　　　　D. 流動性原則
4. 人身保險投資資金可以運用於（　　）。（多選）
   A. 股票　　　　　　　　　　　　B. 銀行存款
   C. 期權　　　　　　　　　　　　D. 次級債券
5. 什麼是人身保險準備金？壽險公司提取人身保險準備金的目的何在？
6. 壽險公司可運用的資金主要由哪些部分構成？有什麼特徵？
7. 壽險公司為什麼要進行保險資金運用活動？

答案：1. ABCD　2. ABC　3. CD　4. ABD

10 人身保險監管

10.1 人身保險機構監管

人身保險機構即人身保險市場上的供給主體，是進行人身保險業務活動的基礎和載體。人身保險機構監管是對人身保險機構的組織形式、市場准入、變更、兼併、市場退出以及人身保險仲介人實施的監管。人身保險機構監管依據的法律為《中華人民共和國保險法》（以下簡稱《保險法》）、《中華人民共和國公司法》（以下簡稱《公司法》）和依據上述兩法制定的《保險公司管理規定》。對於外資人身保險機構的監管，主要依據《中華人民共和國外資保險公司管理條例》，對於其未做規定的，同樣適用於《中華人民共和國保險法》和其他法律、行政法規以及國家的其他有關規定。

10.1.1 保險公司的市場准入監管

（1）保險公司的組織形式

中國《保險法》第六條規定：「保險業務由依照本法設立的保險公司以及法律、行政法規規定的其他保險組織經營，其他單位和個人不得經營保險業務。」《公司法》規定了中國保險公司的組織形式為有限責任公司和股份有限公司兩種。

（2）保險公司的設立條件

在中國，《公司法》中規定了公司的設立條件和程序，《保險法》規定了保險公司的設立條件和程序，另外還有《保險公司管理規定》。依據特別法優於普通法的原則，保險公司的設立應以《保險法》和《保險公司管理規定》為主要依據。

①審批原則。在中國設立保險公司或保險公司設立分支機構必須經中國保監會批准，未經中國保監會批准，任何單位、個人不得在中華人民共和國境內經營或變相經營商業保險業務。經批准設立的保險公司，由批准部門頒發經營保險業務許可證，並憑經營許可證向工商行政管理機關辦理登記，領取營業執照。

②設立原則。保險公司應遵守保險法律法規和行政規章，應合理佈局、公平競爭，有利於中國保險市場和金融體系的穩定。保險和銀行、證券分業經營，財產保險業務和人身保險業務分業經營。

③對公司章程的規定。保險公司的公司章程要符合《保險法》和《公司法》規定的公司章程。《公司法》第八十一條規定，股份有限公司的章程應載明以下事項：公司的名稱和住所；公司的經營範圍；公司的設立方法；公司股份總數、每股數額和註冊資本；發起人的姓名或名稱、認購的股份數；董事會的組成、職權、任期和議事規則；

公司法定代表人；監事會的組成、職權和議事規則；公司利潤分配辦法；公司的解散事由與清算辦法；公司的通告和公告辦法；股東大會認為需要規定的其他事項。

④對最低開業資本金的規定。《保險法》第六十九條規定，設立保險公司，其註冊資本的最低數額為2億元，且必須為實繳貨幣資本。《保險公司管理規定》第七條規定，保險公司擬註冊資本不低於2億元，且必須為實繳貨幣資本。

⑤對從業人員的規定。《保險法》第六十八條規定，保險公司應有具備任職專業知識和業務工作經驗的董事、監事和高級管理人員。《保險法》第七十五條規定，保險公司申請設立分支機構時，要出具擬任高級管理人員的簡歷及相關證明材料。高級管理人員必須具有符合規定的學歷和資歷，無經營不善而致使公司虧損、破產的記錄，公務員不得擔任保險公司主要負責人，離退休人員不得擔任保險公司法人代表。

⑥對組織機構和管理制度的規定。新設立的保險公司必須有健全的組織機構和管理制度，即內部組織完備，內部控制制度設置合理、有效，人事制度、業務制度、保衛制度等保障系統健全，保證信息通暢、決策迅速、行動高效。

(3) 保險公司的設立程序

概括起來，保險公司開始營業以前至少要經過四道程序：

①提交文件、資料，提出申請。《保險法》第七十條規定，申請設立保險公司，應當提交下列材料：設立申請書；可行性研究報告；籌建方案；投資人的營業執照或者其他背景資料，經會計師事務所審計的上一年度財務會計報告；保險監督管理機構規定的其他文件、資料；等等。

②初審合格後進行籌建。《保險法》規定進行籌建的保險公司要具備相關條件，並向金融監管部門提交正式申請表和有關文件、資料。

③經批准的公司登記註冊，準備營業。《保險法》第七十七條規定：「經批准設立的保險公司及其分支機構，憑經營保險業務許可證向工商行政管理機關辦理登記，領取營業執照。」《保險法》第七十八條規定：「保險公司及其分支機構自取得經營保險業務許可證之日起六個月內，無正當理由未向工商行政管理機關辦理登記的，其經營保險業務許可證失效。」

④繳存保證金。保證金是保險公司設立時提取的存於保險監管部門指定銀行或其他機構的資金。《保險法》第九十七條規定：「保險公司應當按照其註冊資本總額的百分之二十提取保證金，存入國務院保險監督管理機構指定的銀行，除公司清算時用於清償債務外，不得動用。」

(4) 保險公司分支機構的設立

保險公司設立分支機構應由總公司向中國保監會提出申請，且應具備以下條件：

①有利於當地保險市場的發展。

②總公司開業1年以上，每申請增設一家分公司或省級以上分支機構，應增加資本金至少5,000萬元。全國性保險公司資本金達到15億元，區域性保險公司達到資本金5億元的，在償付能力充足的情況下，增設分支機構可不再增加資本金。

③內控制度健全、機構運轉正常、償付能力充足。

④最近兩年無嚴重違法、違紀行為，擬設分支機構的上級機構年檢合格。

⑤具有符合中國保監會規定任職資格的分支機構高級管理人員。
⑥上次批設的分支機構籌建成功，運轉正常。
⑦中國保監會要求具備的其他條件。

保險公司申請設立分支機構時，應提交正式申請報告，具體內容包括：業務經營範圍，3年業務發展規劃和市場分析，籌建負責人、必需的設備設施及擬定的辦公地點，等等。

(5) 保險公司設立代表處的規定

保險公司的代表處是負責保險公司的諮詢、聯絡、協調等非保險業務經營活動的派出機構，不得從事經營活動。中國國內的保險公司在境外設立代表處必須經中國保監會批准。

10.1.2 保險公司的市場退出監管

(1) 保險公司的解散和清算

保險公司的解散是指依法設立的保險公司因分立、合併或公司章程規定的解散事由的出現，經保險監督管理部門批准，關閉其營業機構，終止其從事保險業務的行為。保險公司的解散原因主要包括：①保險組織新設分立後，原保險組織分立為兩個或兩個以上的保險組織，原保險組織解散；②保險組織新設合併後，所有參加合併的保險組織均解散；③公司章程規定的解散事由。

《保險法》規定經營人壽保險業務的保險公司，除分立、合併外，不得解散。分立和合併之後的權利、義務將由新設立的公司承擔，不會損害被保險人和受益人的合法權益。保險公司依法解散的，應當立即停止接受新業務，並依法上繳保險許可證。

保險公司的解散清算是指保險公司出現法定解散事由後，依法結清公司的債權、債務，消滅公司法人資格的行為。保險公司依法解散的，其資產處分應當採取公開拍賣或招標的方式；協議轉讓的，應當報中國保監會備案。清算組編制的保險公司清算方案，應經保險監管部門確認後方可執行。清償的順序依次為：①支付清算費用；②支付所欠職工工資和勞動保險費用；③賠償或者給付保險金；④繳納所欠稅款；⑤清償公司債務；⑥公司財產按上述規定清償後的剩餘財產，有限責任保險公司按股東的出資比例分配。

(2) 保險公司的撤銷和清算

保險公司的撤銷是指保險公司違反法律、行政法規而被保險監督管理部門吊銷經營保險業務許可證，強制關閉的行為。

保險公司依法被撤銷的，應當立即停止接受新業務，依法上繳保險許可證，並由金融監督管理部門依法及時組織清算組進行清算。其清償順序同解散清算一致。

(3) 保險公司的破產和清算

保險公司的破產是指保險公司不能支付其到期債務，由債權人或保險公司自身向人民法院提出申請，經金融監督管理部門同意後，由人民法院宣布其倒閉清算。其他任何部門、組織和個人，包括金融監督管理部門，都無權宣告保險公司破產，人民法院也只有在接到申請後才可依法做出宣告，而不能直接依職權宣告保險公司破產。

保險公司宣布破產後，將由人民法院組織金融監督管理部門等有關部門和有關人員組成清算組進行清算。清算的內容包括：人民法院依法組織清算組，清理破產公司的財產，處理未了結的業務；通知並公告債權人申報債權，要求債務人履行義務，結清應繳納稅款事項，結清公司債務，向股東分配公司的剩餘財產。

10.1.3 人身保險仲介人的監管

(1) 保險代理人

中國《保險法》規定，保險代理人從事保險代理業務，必須具備中國保監會規定的資格條件，取得中國保監會頒發的經營保險代理業務許可證並向工商行政管理機關辦理登記，領取營業執照，並繳存保證金或者投保職業責任保險。對於未取得經營保險代理業務許可證、非法從事保險代理業務的保險代理人，由中國保監會予以取締，處以10萬元以上、50萬元以下的罰款；有違法所得的，並處沒收違法所得。中國《保險代理機構管理規定》規定，保險代理機構可以以合夥企業、有限責任公司或股份有限公司的形式設立，對於不同形式的代理人有不同的資格監管。在具備資格條件後，保險代理人還須取得中國保監會頒發的經營保險代理業務許可證，向工商行政管理機關辦理登記，領取營業執照，並繳存準備金或投保職業準備金。

設立合夥企業形式的保險代理機構應同時具備下列條件：①有2個以上的合夥人，並且具有相應民事行為能力；②有符合法律規定的合夥協議；③出資不低於50萬元的實收貨幣；④有符合法律規定的合夥企業名稱和住所；⑤具有符合中國保監會任職資格管理規定的高級管理人員；⑥持有保險代理從業人員資格證書的保險代理從業人員不得低於員工人數的1/2；⑦法律、行政法規要求具備的其他條件。

設立有限責任公司形式的保險代理機構應同時具備下列條件：①有2個以上、50個以下的股東；②有符合法律規定的公司章程；③註冊資本不得低於50萬元的實收貨幣；④有符合法律規定的公司名稱、組織機構和住所；⑤持有資格證書的保險代理從業人員不得低於員工人數的1/2；⑥有符合中國保監會任職資格管理規定的高級管理人員；⑦法律、行政法規要求具備的其他條件。

(2) 保險經紀人

在中國，保險經紀人只能是單位，其組織形式為有限責任公司或股份有限公司。任何個人不得成為保險經紀人，只能在保險經紀公司具體操作保險經紀業務。保險經紀業務的從業人員應須取得保險經紀人資格證書，並在被保險經紀公司僱用後，由公司代其獲得保險經紀人執業證書。

保險經紀公司可以以有限責任公司或股份有限公司的形式設立。申請、設立保險經紀公司應同時具備以下條件：①具有符合法律規定的股東或發起人；②有符合法律規定的公司章程；③註冊資本不得低於1,000萬元的實收貨幣；④有符合法律規定的公司名稱、組織機構和住所；⑤擁有保險經紀從業人員資格的經紀人員不得低於員工人數的1/2；⑥具有符合中國保監會任職資格管理規定的高級管理人員；⑦法律、行政法規要求具備的其他條件。

10.2　人身保險業務監管

10.2.1　人身保險業務範圍的監管

人身保險業務範圍的監管是對有權開展人身保險業務的機構是否在核定的業務範圍內從事保險經營活動的行為實施監管，禁止沒有取得授權而開展全部或部分人身保險業務的行為。中國現行的規定是保險機構不得兼業、兼營，即保險與銀行、證券分業經營，財產保險業務與人身保險業務分業經營。

根據《保險公司管理規定》，經中國保監會批准經營人身保險業務的保險公司可以經營以下全部或部分業務：①個人意外傷害保險；②個人定期死亡保險；③個人兩全壽險；④個人終身壽險；⑤個人年金保險；⑥個人短期健康保險；⑦個人長期健康保險；⑧團體意外傷害保險；⑨團體定期壽險；⑩團體終身壽險；⑪團體年金保險；⑫團體短期健康保險；⑬團體長期健康保險；⑭經中國保監會批准的其他人身保險業務；⑮上述保險業務的再保險業務。經中國保監會批准，保險公司分支機構可以經營其總公司業務範圍內的全部或部分保險業務，保險公司申請增加業務範圍的，其資本金、經營年限、經營業績也應符合中國保監會的有關規定。若保險公司及其分支機構違反以上規定，超出核定的業務範圍從事保險業務或擅自在規定的經營區域外開展保險業務的，監管部門給予警告並責令改正。有違法所得的，沒收違法所得，並處以違法所得1倍以上、5倍以下的罰款；沒有違法所得的，處以10萬元以上、50萬元以下的罰款；逾期不改正或者造成嚴重後果的，可以責令停業整頓或者吊銷保險許可證。

10.2.2　人身保險合同的監管

（1）人身保險合同的形式監管

保險合同的形式是指投保人與保險人就其保險權利與義務關係達成協議的方式，是保險合同當事人表示意思一致的方式，包括書面形式和口頭形式。《保險法》規定，投保人提出保險要求，經保險人同意承保並就合同的條款達成協議，保險合同即成立。保險人應當及時向投保人簽發保單或者其他保險憑證，並在保單或者其他保險憑證中載明當事人雙方約定的合同內容。經投保人和保險人協商同意，也可以採取其他書面形式。

（2）人身保險合同的基本條款監管

中國保險監管部門對保險合同的基本條款內容進行了規定：①保險標的；②保險金額；③保險責任和責任免除；④保險人、投保人、被保險人和受益人的名稱和住所；⑤保險期間和保險責任開始時間、起止時間；⑥保險費和保險費率；⑦違約責任和爭議處理；⑧權利義務條款。

（3）人身保險費率和保險費的監管

根據中國《保險公司管理規定》，中國保監會制定和修訂主要險種的基本保險條款

和保險費率；中國保監會可以委托保險行業協會或保險公司擬定主要險種的基本保險條款和保險費率。保險公司擬定的其他險種的費率，應由總公司報中國保監會備案。中國保監會對報備的條款和費率自收到備案申請文件之日起 130 日內未提出異議的，保險公司可以使用該條款、費率。保險公司若未按照規定將擬定險種的保險條款和保險費率報送備案的，監管部門將責令其改正，逾期不改正的處以 1 萬元以上、10 萬元以下的罰款。未經總公司授權，保險公司分支機構不得自行擬定保險條款和保險費率。保險公司對同一險種應當執行統一的保險條款。保險公司根據各地實際情況，可以制定當地保險費率，報經中國保監會批准後執行。中國保監會也可以根據實際情況，規定標準保險費率或保險費率浮動的幅度。

保險公司申報、修改或調整備案的人身保險條款和保險費率，應提交下列文件：①保險條款和保險費率備案文本一式三份；②保險產品的市場預測、預定利息率、預定費率及使用的生命表；③保險費率、保險責任準備金、保單現金價值的計算公式。

10.2.3 人身保險資金運用的監管

保險公司的資金絕大部分來自於公眾的儲蓄。保險公司對資金的運用直接關係到保險金的賠償和給付，關係到社會公眾的切身利益，因此各國一般都會對保險公司的投資實施嚴格的監管。

各國保險監管部門對人身保險投資進行了不同程度的監管，但從總體來看，監管的內容主要包括保險資金運用方式的准入、資產類別的最高比例、單個投資項目的最高比例限制、資產與負債的匹配、衍生金融產品的投資限制以及資產評估方法的要求等。

中國《保險法》第一百零六條規定，保險公司的資金運用必須穩健，遵循安全性原則。保險公司的資金運用僅限於銀行存款、買賣債券、股票、證券投資基金份額等有價證券，投資不動產及國務院規定的其他資金運用形式。

此外，中國《保險公司財務制度》將保險保障基金也列入可運用資金範圍。這是由中國保險公司代管保險保障基金的體制決定的。

10.3　人身保險償付能力監管

10.3.1　保險公司資本金監管

根據中國有關規定，設立保險公司的註冊資本的最低限額為 2 億元，且必須為實繳貨幣資本。金融監管部門根據保險公司的業務範圍、經營規模，可以調整其註冊資本的最低限額，但不得低於上述規定。全國性保險公司的實收貨幣資本金不得低於 5 億元，特定區域保險公司的實收貨幣貨本金不低於 2 億元。保險公司根據國家法律法規的規定，可以採取國家投資、各方集資或者發行股票等方式籌集資本，採取發行股票方式籌集的資本按照股票面值計價，採用吸收實物、無形資產等方式籌集的資本按

評估價確認價值。保險公司籌集的資本，必須請中國註冊會計師驗資，並出具驗資報告，由保險公司據此發給投資者出資證明。

10.3.2 保險公司保證金監管

中國規定保險公司成立後應按其註冊資本總額的 20% 繳存保證金。在全國範圍內開辦業務的保險公司向中國人民銀行總行繳存保證金，在特定區域內開辦業務的保險公司向註冊地的中國人民銀行省（或自治區、直轄市、計劃單列市）分行繳存保證金。未經中國人民銀行批准，保險公司不得動用其保證金。

10.3.3 保險公司總準備金監管

總準備金是指保險公司在經營過程中逐漸累積，為應付超常損失和巨災損失而從每年的利潤中提存的準備金，是構成保險公司償付能力的重要因素。其主要來源於附加保費中的安全系數以及企業每年利潤分配中的一部分盈餘累積。總準備金是保險公司的資產。總準備金的累積速度應與其承擔的風險責任和業務發展速度相適應，與經營的連續性、營利性和業務的增長性結合起來，合理分配企業盈餘。在中國，總準備金由公積金和保險保障基金組成。

公積金是保險公司為增強自身的資金實力，擴大營業規模，預防虧損，保護股東及債權人的利益，依照法律和公司章程的規定，從公司每年稅後利潤中提取的累積資金。公積金包括法定公積金和任意公積金。法定公積金是按照法律規定強制提取的公積金，任意公積金不由法律強制規定，而是根據公司股東大會的決議或公司章程提取的公積金。

中國規定保險公司除按規定提取準備金外，還應該依照有關法律、行政法規及國家財務會計制度的規定提取公積金。保險公司分配當年稅後利潤時，應當計提利潤的 10% 列入公司法定公積金，公司法定公積金累積額為公司註冊資本的 50% 以上的，可以不再提取；同時，保險公司從稅後利潤中提取法定公積金後，經股東大會決議，可以提取任意公積金。其中，資本公積金還來源於資本溢價、接受捐贈實物資產和住房週轉金轉入。保險公司的公積金可用於彌補公司的虧損，擴大公司生產經營規模或者增加公司資本。股份有限公司經股東大會決議將公積金轉為資本時，按股東原有股份比例派送新股或者增加每股面值；法定公積金轉為資本時，應該留有適當比例的留存，不得少於註冊資本的 25%。

保險保障基金是保險公司為應付可能發生的週期較長、後果難以預料的巨災或巨大危險而提存的準備金。保險危險的發生具有偶然性和不可測性，保險公司在經營過程中不可避免地會遇到突然發生較大事故或保險事故發生較為集中的年度，此時僅憑當年的保險費和準備金難以應付賠償和給付責任。

中國規定，為了保障保單持有人的利益，支持保險公司穩健經營，各保險公司應當按照金融監管部門規定，依照一定比例事前提存保險保障基金。當財產保險公司、綜合再保險公司和財產再保險公司的保險保障基金餘額達到公司總資產的 6% 和人壽保險公司、健康保險公司和人壽再保險公司的保險保障基金餘額達到公司總資產的 1% 時

不再提取，而在此前則每年根據業務種類的不同按自留保費的一定比例繳納。保險保障基金必須集中管理、統籌使用，只有在保險人當年保險費和準備金不足以賠償或給付時才能運用，一般情況下必須專款專用，不得挪作他用。為確保保險保障基金的安全，該基金必須單獨提取且僅限存入國有獨資商業銀行和購買政府債券，存款利息收入和債券利息收入依法繳納所得稅後，金額轉入保險保障基金。

10.3.4　保險公司責任準備金監管

人身保險責任準備金是保險公司當年的純保費收入及利息和人身保險合同所規定的其在當年承擔義務之間的差額。中國保險業務法定責任準備金的計算原則為：會計年度末保單法定責任準備金應當用「未來法」逐單計算，對確實不能用「未來法」逐單計算的條款，經保險監督管理委員會同意，可以用「過去法」逐單計算。新的財務制度規定，保險公司提存的責任準備金包括未到期責任準備金、未決賠款準備金、壽險責任準備金、長期健康保險責任準備金、存入分保準備金。

未決賠款準備金是保險公司針對在每一會計年度決算以前已經發生保險事故並已提出保險索賠，以及已經發生保險事故但尚未提出保險索賠的賠案而按規定應提取的準備金。保險公司提取的未決賠款準備金，最高不得超過當期已經提出的保險賠償或者給付金額的100%。對於已報已決未付賠款，按照實際賠償或給付提取準備金，依據已獲得的資料做適度估計並計提準備金，理賠越接近結案，其估計越準確；已報未決已付賠款的理賠案件仍待理算，但理賠時間很長，為顧及被保險人的利益，應給付被保險人或受益人最低的應付賠款，然後提存適當準備金，以備將來可能發生的給付；對於未報未決未付賠款的賠款準備金的提取，不得超過當年的實際賠償金額的4%。未決賠款準備金提轉差等於本期應提取的未決賠款準備金與上期取得的未決賠款準備金的差額。以上準備金提取後，應分別留存，不得相互挪用。

未到期責任準備金是指對1年期以內（含1年）的意外傷害保險和健康保險業務，在每一會計期末按規定將當年承保業務中保險責任尚未屆滿而應屬於下一年度的保費提存起來，以備下一年度發生賠償的準備金。根據有關規定，保險公司對於1年內的業務，應當從當年的自留保費中提取未到期準備金，提存和結轉的數額，應當相當於當年自留保費的50%。未到期責任準備金提轉差等於本期應提取的未到期責任準備金與上期提取未到期責任準備金的差額。另外，有條件的公司在執行上述規定的基礎上，可按1/8、1/24或1/365法提取未到期責任準備金，但在開始實施年度前報主管財政機關及保險監管部門備案，並且方法一經確定，不得隨意變動，如需變動，應報經主管財政機關批准。

壽險責任準備金是指人壽保險公司為承擔未來保險責任而按規定提取的準備金。準備金的具體計提比例應由專門的精算師來確定，依據精算結果計提準備金。準備金的計算利率，不得高於厘定費率時做出的預定利率和1年期銀行存款利率中的最低者。1年期以上的人壽保險採用險種報備時厘定保險費率所使用的經驗生命表；年金保險使用年金生命表計算應提取的準備金；團體壽險則按照有效的人壽保險單的全部淨值提取責任準備金；個人壽險提取的保單責任準備金，不得低於同類保單多年定期修正方

法所計提的保單責任準備金。壽險責任準備金提轉差等於本年應提取的壽險責任準備金減去上年提取的壽險責任準備金。

長期健康保險責任準備金指人壽保險公司為承擔未來長期性健康保險責任而按規定提取的準備金。其原理與壽險責任準備金相同，也必須根據精算人員的計算結果來計提。

存入分保準備金是指保險公司的再保險業務按合同約定，由分保分出人扣存的以應付未了責任的準備金。存入分保準備金通常根據分保業務帳單進行提存和扣還，扣存期限一般為 12 個月，至下年同期返還。

對於未按規定提取責任準備金或提取不足的保險公司，監管部門將依法給予罰款的處分，情節嚴重的，可以限制業務範圍、責令停止接受新業務或吊銷保險許可證。

10.3.5 保險公司最低償付能力監管

保險公司的償付能力是指保險公司償還到期債務的能力。保險公司必須有與其業務規模相適應的最低償付能力，即保險公司依據其業務規模的大小，必須具備一定數額或一定比例的資金，以確保其能履行賠償或者給付保險金的責任；當公司的資產不足以抵付負債時，則表明保險公司償付能力不足。償付能力監管是國際上保險監管的重要內容之一，而作為衡量償付能力標準的償付能力額度則成為對償付能力進行監管的最直接、最有效的手段。各國都對最低償付能力額度進行了規定，當保險公司的實際償付能力額度低於法定的最低償付能力額度時，各國保險監管機構就要對保險企業進行干預。

中國目前實施的是市場行為監管和償付能力監管並重的監管方式，並已將重點轉移到以償付能力為核心的監管模式上來。《保險法》明確規定，保險公司應當具有與其業務規模相適應的最低償付能力，保險公司的實際資產減去實際負債的差額不得低於金融監管部門規定的數額，低於規定數額的應當增加資本金，補足差額。

具體來說，規定如下：

第一，保險公司實際償付能力額度為其會計年度末實際資產價值減去實際負債的差額。在這裡，實際資產種類及其認可比率由中國保監會規定，實際資產價值為各項認可資產認可價值之和。

第二，短期人身保險業務的最低償付能力額度為下述兩項中較大的一項：

①本會計年度自留保費減保費稅收後 1 億元以下部分的 18% 和 1 億元以上部分的 16%。

②最近 3 年年平均賠付金額 7,000 萬元以下部分的 26% 和 7,000 萬元以上部分的 23%。

對於經營期間不滿 3 年的保險公司，採取上述第 1 項規定的標準。

第三，長期人身保險業務的最低償付能力額度為下述兩項之和：

①一般壽險業務會計年度末壽險責任準備金的 4% 和投資連結類業務會計年度末壽險責任準備金的 1%。

②保險期間小於 3 年的定期死亡保險風險保額的 0.1%，保險期間為 3~5 年的定期

死亡保險風險保額的 0.15%，保險期間超過 5 年的定期死亡保險和其他險種風險保額的 0.3%。

在統計中未對定期死亡保險區分保險期間的，統一按風險保額的 0.3%計算。

第四，保險公司實際償付能力低於本規定標準的，按下列方式處理：

①實際償付能力額度低於最低償付能力額度的，保險公司應該採取有效措施，使其償付能力達到最低償付能力標準，並向中國保監會做出說明。

②實際償付能力額度低於最低償付能力額度的 50%的，或者實際償付能力額度連續 3 年低於最低償付能力額度的，中國保監會可將該公司列為重點監督檢查對象。

保險公司被列為重點監督檢查對象期間，不得申請設立分支機構或支付任何紅利、分紅，中國保監會可以責令其採取辦理再保險、業務轉讓、停止接受新業務、增資擴股、調整資產結構等方式改善其償付能力狀況。

③實際償付能力額度低於最低償付能力額度的 30%的，或被列為重點監督檢查對象的保險公司財務狀況繼續惡化，可能或已經危及被保險人和社會公眾利益的，中國保監會可以對該保險公司實行接管。

10.3.6 保險公司利潤分配監管

中國 2007 年 1 月 1 日起實行的《金融企業財務規則》第七章對收益、分配的規定如下：

金融企業發生年度虧損的，可以用下一年度的稅前利潤彌補；下一年度的稅前利潤不足以彌補的，可以逐年延續彌補；延續彌補期超過法定稅前彌補期限的，可以用繳納所得稅後的利潤彌補。

金融企業本年實現淨利潤，應當按照提取法定盈餘公積金、提取一般風險準備金、向投資者分配利潤的順序進行分配。法定盈餘公積金按照本年實現淨利潤的 10%提取，法定盈餘公積金累計達到註冊資本的 50%時，可不再提取。從事銀行業務的，應當於每年年終根據承擔風險和損失的資產餘額的一定比例提取一般準備金，用於彌補尚未識別的可能性損失；從事其他業務的，應當按照國家有關規定從本年實現淨利潤中提取風險準備金，用於補償風險損失。

以前年度未分配的利潤，並入本年實現淨利潤向投資者分配。其中，股份有限公司按照下列順序分配：①支付優先股股利；②提取任意盈餘公積金；③支付普通股股利；④轉作資本（股本）。資本充足率、償付能力充足率、淨資本負債率未達到有關法律、行政法規規定標準的，不得向投資者分配利潤。任意盈餘公積金按照公司章程或者股東（大）會決議提取和使用。

經股東（大）會決議，金融企業可以用法定盈餘公積金和任意盈餘公積金彌補虧損或者轉增資本。法定盈餘公積金轉為資本時，所留存的該項公積金不得少於轉增前金融企業註冊資本的 25%。金融企業根據有關法律法規的規定，經股東（大）會決議，可以對經營者和核心技術人員、核心管理人員實行股權激勵。

習題

1. 下列屬於人身保險監管適用法律的是（　　）。（多選）
   A. 《中華人民共和國保險法》
   B. 《中華人民共和國公司法》
   C. 《保險公司管理規定》
   D. 《中華人民共和國外資保險公司管理條例》
2. 申請增設一家分公司或省級以上分支機構，應增加的資本金至少為（　　）。
   A. 50 萬元　　　　　　　　　B. 500 萬元
   C. 5,000 萬元　　　　　　　D. 5 億元
3. 設立保險公司，註冊資本的最低限額為（　　）。
   A. 5,000 萬元　　　　　　　B. 2 億元
   C. 15 億元　　　　　　　　　D. 5 億元
4. 經營人身保險業務的保險公司可以經營（　　）業務。（多選）
   A. 長期健康保險　　　　　　B. 人身意外保險
   C. 寵物保險　　　　　　　　D. 投資連結保險
5. 人身保險監管的目標是什麼？
6. 試述人身保險投資對保險公司的重要性以及中國保險監管機構對其是如何進行監管的。談談你對中國人身保險投資監管的看法。

答案：1. ABCD　2. A　3. B　4. ABD

參考文獻

［1］張洪濤，莊作瑾. 人身保險［M］. 2版. 北京：中國人民大學出版社，2008.
［2］劉冬姣. 人身保險［M］. 2版. 北京：中國金融出版社，2010.
［3］喬納斯，朗. 保險原理：人壽、健康和年金［M］. 2版. 趙凱，譯. 北京：中國財政經濟出處社，2004.
［4］肯尼思·布萊克. 人壽與健康保險［M］. 孫祈祥，鄭偉，等，譯. 北京：經濟科學出版社，2003.

國家圖書館出版品預行編目(CIP)資料

中國人身保險實務/ 陳岩、邵杰 主編.-- 第一版.
-- 臺北市：崧博出版，2018.09

　面；　公分

ISBN 978-957-735-456-3(平裝)

1.人身保險 2.中國

563.742　　　107015123

書　　名：中國人身保險實務

作　　者：陳岩、邵杰 主編

發行人：黃振庭

出版者：崧博出版事業有限公司

發行者：崧燁文化事業有限公司

E-mail：sonbookservice@gmail.com

粉絲頁　　　　　　網　址：

地　　址：台北市中正區重慶南路一段六十一號八樓815室

8F.-815, No.61, Sec. 1, Chongqing S. Rd., Zhongzheng Dist., Taipei City 100, Taiwan (R.O.C.)

電　話：(02)2370-3310　傳　真：(02) 2370-3210

總經銷：紅螞蟻圖書有限公司

地　　址：台北市內湖區舊宗路二段121巷19號

電　話：02-2795-3656　　傳真：02-2795-4100　網址：

印　刷：京峯彩色印刷有限公司（京峰數位）

本書版權為西南財經大學出版社所有授權崧博出版事業有限公司獨家發行電子書繁體字版。若有其他相關權利及授權需求請與本公司聯繫。

定價：250元

發行日期：2018年 9 月第一版

◎ 本書以POD印製發行